Pflanzliche

Ernährung

Der ultimative Anfängerleitfaden für eine pflanzliche Ernährung & Rezepte für Anfänger – Verbessern Sie Ihre Gesundheit, tanken Sie mehr Energie und erzielen Sie Ihr Optimum + 50 einfache & köstliche Rezepte

Von *Jennifer Louissa*

Für weitere tolle Bücher besuchen Sie uns:

HMWPublishing.com

Ein weiteres Buch kostenlos herunterladen

Ich möchte mich bei Ihnen für den Kauf dieses Buches bedanken und Ihnen ein weiteres Buch (genau so lang und wertvoll wie dieses Buch) „Gesundheits- & Fitnessfehler, von denen Sie nicht wissen, dass Sie sie machen", völlig kostenlos anbieten.

Besuchen Sie den unten stehenden Link, um sich anzumelden und es zu erhalten:

www.hmwpublishing.com/gift

In diesem Buch werde ich die häufigsten Gesundheits- und Fitnessfehler aufschlüsseln, die Sie wahrscheinlich gerade begehen, und ich werde aufzeigen, wie Sie sich leicht in die beste Form Ihres Lebens bringen können!

Zusätzlich zu diesem wertvollen Geschenk haben Sie auch die Möglichkeit, unsere neuen Bücher kostenlos zu bekommen, an Gewinnspielen teilzunehmen und andere wertvolle E-Mails von mir zu erhalten. Besuchen Sie erneut den Link, um sich anzumelden:

www.hmwpublishing.com/gift

INHALTSVERZEICHNIS

Einführung 12

Kapitel 1: Den Reichtum pflanzlicher Lebensmittel entdecken 16

Erreichen Sie Ihr volles Gesundheitspotenzial 16

Eisen 20

Kalzium 25

Vitamin D 31

Seien Sie fit und stark 33

Gewinnen Sie Energie und die besten Nährstoffe. ... 36

Hoher Ballaststoffanteil 53

Vitamin C 54

Magnesium 55

Kalium 55

Entwicklung der richtigen Ernährungsgewohnheiten 57

Wichtige Erkenntnisse 60

Kapitel 2: Implementierung der pflanzlichen Ernährung zu Hause 62

Beherrschung der Lebensmittelgrundlagen 62

Obstprodukte 63

Pflanzliche Produkte 64

Hülsenfrüchte 64

Vollkorngetreide 65

Ersatz von Milchprodukten 66

Bereiten Sie Ihr Küchenreich vor 67

Schnellkochen 68

Schneiden und Hacken 68

Schüsseln 69

Mixer 69

Lebensmittelverarbeitung 69

Erstellen Sie die richtigen pflanzenbasierten Anpassungen. 70

Sicherstellung von Vitamin B12 71

Sicherstellung der notwendigen Fettsäuren 72

Vorbeugung von Anämie 72

Sicherstellung von Protein 73

Minimierung von Fleisch 73

Nageln Sie den Schlüssel zu einer disziplinierten Ernährung 74

Schritt 1: Es gibt keinen Druck. 75

Schritt 2: Zielen Sie auf die Miniziele. 76

Schritt 3: Initiativen sind die eigentlichen Handlungen. 77

Schritt 4: Genießen Sie die Vielfalt der pflanzlichen Lebensmittel. 78

Schritt 5: Raum für eine gesunde Pause ist vorhanden. 79

Schritt 6: Verstärken Sie die nahrhafte Ernährung mit anderen gesunden Praktiken. 81

Schritt 7: Mehr Überprüfung und Bildung bedeutet mehr Motivation. 83

Schritt 8: Entscheiden Sie sich für eine pflanzliche Ernährung mit Freunden. 84

Wichtige Erkenntnisse 86

Kapitel 3: Ein Vorbild für die Ernährung werden 89

Zugang zu den Vorteilen des Verständnisses von Ernährungsfakten 90

Body-Mass-Index 90

Kalorien 91

Kohlenhydrate 94

Protein 97

Fett 101

Vitamine 102

Mineralien 104

Wasser 107

Kapitel 4: Beginnen Sie den Tag mit einem pflanzlichen Frühstück. 110

Hafer zur Liebe 110

Granola Energizer 114

Die Pfannkuchenlösung 118

Der Energiebrei 122

Beginnen Sie den Tag mit Salat. 126

Reichhaltiger Reispudding 131

Fröhlich Muffins essen. 134

Schnelles Quinoa für einen geschäftigen Tag 137

Eine köstliche Kichererbsen-Omelettplatte 140

Fabelhafte Fruchttorte...144

Kapitel 5: Liebevolle Paketlösungen als Mittagsessen **149**

Die begehrteste Chili-Schale 149

Pflanzlicher Hackbraten 156

Currykartoffeln nach thailändischer Art 161

Perfekte Gebratener Reis mit Ananas 165

Eine wertvolle Gemüse-Quiche.......................................169

Lasagne für meine Brotdose 175

Ein Triple-B Burger 180

Eine bezaubernde Enchilada-Schüssel 184

Leckerer Tofu 188

Ein pflanzliches Wrap-Wunder.......................................191

Kapitel 6: Genießen Sie ein pflanzenbasiertes Abendessen. **195**

Vietnamesische Nudeln für die Seele 195

Mühelos zubereitete Pizza 201

Cobbler Crave Creator 205

Auflauf auf pflanzlicher Basis 209

Ein überraschender Eintopf 216

Eine Tempeh-Leckerei 220

Oh mein Gott! Bulgur Pilaf! 224

Süßkartoffeln und Grünkohl aus Afrika 229

Ein nahrhafter Nudelteller 233

Das beste Sushi mit braunem Reis 238

Kapitel 7: Süße Snacks 245

Burrito Bisse 245

Gesunder Hummus 249

Fruchtiger Quesadilla 252

Veggie-Poppers zum Anbeten 255

Erstaunliches Spargel-Schnellgericht 260

Ein schneller Apfelgenuss 263

Crunch Rolls für die Pausenzeit 266

Kreative Kekse 270

Großartige Guacamole 274

Heller Bananenbrei 277

Kapitel 8: Göttliche Desserts 280

Karottenkuchen zum Mitnehmen 280

Coole Erdbeer-Cupcakes 285

Must-Have Lebkuchen 289

Fabelhafte Fruchtquadrate 293

Buntes Parfait 298

Kostbarer Pudding 303

Geschmackvolle Schokoladen-Gelatine 306

Datteln zum Daten 309

Hübscher Kürbiskuchen 314

Beerenverführerische Törtchen 318

Kapitel 9: Der 14-tägige Ernährungsplan zum Einsteigen **322**

Verstehen, dass Planung wichtig ist 323

2 Wochen pflanzliche Gerichte 327

Woche 1 328

Woche 2 332

Erfolgreiches Erreichen Ihrer Gesundheitsziele 335

- Informieren Sie sich selbst 336
- Konzentrieren Sie sich auf eine Überfüllung, nicht auf das Entfernen 337
- Finden Sie kreative pflanzliche Rezepte, die Sie inspirieren 339
- Fokussieren Sie sich auf die Grundlagen 340
- Einen Schritt nach dem anderen machen 342
- Bleiben Sie bei Vollwertkost 343
- Verzehren Sie eine große Vielfalt an pflanzlichen Lebensmitteln 343

Schlussworte **346**

Über den Co-Autor **349**

Einführung

Die pflanzliche Ernährung ist ein beliebter Ernährungsplan, der immer mehr Beachtung findet. Es ist bekannt, dass eine erfolgreiche Diät Ihr volles Gesundheitspotential entfaltet. Sie werden den *ultimativen Anfängerleitfaden für die pflanzliche Ernährung* zu schätzen wissen, denn er enthält alle Informationen zu dieser erstaunlichen Angewohnheit und Lebensweise für gesunde Ernährung.

Dieses Buch ist immer dann hilfreich, wenn Sie nahrhafte Essgewohnheiten festlegen möchten, da es sich aus folgenden interessanten Funktionen zusammensetzt:

- Pflanzenbasierte Ernährungspraktiken, die zur Verbesserung Ihrer Gesundheit beitragen.

- Informationen über Lebensmittel, die Ihnen mehr Energie liefern.

- Gesundheitsstrategien, die Ihnen das Gefühl geben, sich in Bestform zu fühlen und zu sein.

- Rezepte, die nahrhaft und einfach zuzubereiten sind.

- Ein 14-Tage-Plan auf pflanzlicher Basis, der gesund und lecker ist.

Darüber hinaus zielt dieser Leitfaden auf die Erreichung der folgenden Ziele ab:

1. Unterscheidung der pflanzlichen Ernährung von anderen Ernährungsweisen

2. Identifizieren von pflanzlichen Lebensmitteloptionen und eine Auswahl an 50 pflanzlichen Rezepte

3. Ausarbeitung der Methoden bei der Anwendung einer pflanzlichen Ernährung

4. Den Wert einer vollwertigen Speisekarte für einen gesunden und energiegeladenen Lebensstil hervorheben

Ich wünsche Ihnen aufrichtig viel Spaß mit den zuverlässigen Informationen, die Ihnen dieses Buch bieten wird.

Außerdem empfehle ich Ihnen, bevor Sie loslegen, **sich für unseren E-Mail-Newsletter anzumelden,** um über neue Buchveröffentlichungen oder Werbeaktionen informiert zu werden. Sie können sich kostenlos anmelden und erhalten als Bonus ein kostenloses Geschenk: unser Buch *„Gesundheits- & Fitnessfehler, von denen Sie nicht wissen, dass Sie sie machen"*! Dieses Buch wurde geschrieben, um zu entmystifizieren, die wichtigsten Vor- und Nachteile aufzudecken und Sie endlich mit den Informationen auszustatten, die Sie benötigen, um sich in der besten Form Ihres Lebens zu befinden. Aufgrund der überwältigenden Menge an Fehlinformationen und Lügen, die von Magazinen und selbsternannten

„Gurus" erzählt werden, wird es immer schwieriger, zuverlässige Informationen zu erhalten, um in Form zu kommen. Im Gegensatz zu dutzenden von voreingenommenen, unzuverlässigen und nicht vertrauenswürdigen Quellen, um Ihre Gesundheits- & Fitnessinformationen zu erhalten. In diesem Buch ist alles aufgeschlüsselt, was Sie brauchen, damit Sie es leicht nachvollziehen und sofort Ergebnisse erzielen können, um Ihre gewünschten Fitnessziele in kürzester Zeit zu erreichen.

Um sich für unseren kostenlosen E-Mail-Newsletter anzumelden und ein kostenloses Exemplar dieses wertvollen Buches zu erhalten, besuchen Sie bitte den Link und melden Sie sich jetzt an: www.hmwpublishing.com/gift

Kapitel 1: Den Reichtum pflanzlicher Lebensmittel entdecken

Das Kennenlernen der pflanzlichen Ernährung kann eine bereichernde Erfahrung sein. Dieser Ernährungsplan bietet mehrere gesundheitliche Vorteile, die Ihnen helfen können, Ihre Ernährungsziele zu erreichen. Wenn Sie dieses Kapitel lesen, werden Sie diese Vorteile und weitere wertvolle Fakten über diese großartige Ernährung entdecken.

Erreichen Sie Ihr volles Gesundheitspotenzial

Zunächst fragen Sie sich wahrscheinlich: Worum geht es bei dieser Diät und wie funktioniert sie?

Bei dieser gesunden Essgewohnheit geht es um den Verzehr von vollwertigen Früchten und Gemüsen sowie um das Vermeiden oder Einschränken des Verzehrs von Lebensmitteln auf tierischer Basis. Der Begriff „vollwertig" bezieht sich auf Lebensmittel, die auf dem Bauernhof, in Bäumen und Büschen angebaut werden, ausgenommen Pflanzenfragmente oder verarbeitete Pflanzen. Daher wird der Ernährungsplan auch als Vollwertkost auf pflanzlicher Basis (WFPB) bezeichnet.

Gegenwärtig praktizieren oder probieren viele Menschen eine Diät aus, die aus ganzen Lebensmitteln besteht, da davon ausgegangen wird, dass dies ein effizienter Weg ist, um das volle Gesundheitspotential eines Menschen zu erreichen und aufrechtzuerhalten. Gesundheitsexperten empfehlen diesen Ernährungsplan nachdrücklich, weil er hilft:

- Stärkt den Körper

- Gibt neue Energie

- Liefert gute Nährstoffe

- Beugt häufige Krankheiten und Krankheitsbildern vor

Die Ernährung umfasst die folgenden Punkte:

- Früchte
- Gemüse
- Hülsenfrüchte
- Knollen
- Vollkorngetreide

Einige pflanzliche Ernährung minimiert den Verzehr von tierischen Nahrungsmitteln und Pflanzenfragmenten. Andere eliminieren diese Auswahl von Lebensmitteln aus ihren Speiseplänen. Die Auswahl an tierischen Lebensmitteln umfasst Fleisch, Milchprodukte, Fisch und Eier. Wie bereits erwähnt, handelt es sich bei Pflanzenfragmenten um verarbeitete Pflanzen. Einige Beispiele sind saftige Früchte, Obstkuchen und Sirupe. Die Ernährung schränkt diese Auswahl an Lebensmitteln ein, da sie höchstwahrscheinlich Gesundheitsrisiken auslösen.

Sie fragen sich vielleicht auch: Was sind die Nachteile des Verzehrs von Obst und Gemüse? Laut Tuso, PJ, MD, Ismail, MH, MD, Ha, BP, MD und Bartolotto, C., MA, RD von The Permanente Journal (2013), ist diese gesunde Ernährung ein empfehlenswerter Ernährungsplan zur Vorbeugung allgemeiner Erkrankungen Krankheiten und Krankheiten. Patienten mit Diabetes, Adipositas, Bluthochdruck und Herz-Kreislauf-Erkrankungen können von dieser Diät erheblich profitieren. Die Gesundheitsexperten weisen jedoch auch auf die wenigen Risiken hin, denen Sie in diesem Ernährungsplan ausgesetzt sein können.

Erstens ist einer der Nachteile, dass Sie möglicherweise unter einem Mangel an Vitamin B12 leiden. Dieses Vitamin ist für die Blutbildung und die Zellteilung notwendig. Es ist wichtig, die Auswahl an Lebensmitteln mit diesem Nährstoff in Ihren Speiseplan aufzunehmen. Möglicherweise haben Sie auch eine ineffiziente Zufuhr von gesunden Fettsäuren wie Omega-3-Fettsäuren. Sie können sicherstellen, dass Sie diese notwendigen Fettsäuren haben, indem Sie Walnüsse in Ihr Menü hinzufügen und mit Rapsöl kochen.

Eisen

Der Stress eines Gesundheitsexperten, der besagt, dass die Eisenmenge im Körper reduziert ist und zu einer Eisenmangelanämie führt, ist nicht wahr. Eine Anämie entsteht, wenn die roten Blutkörperchen des Körpers nicht genügend gesundes Hämoglobin enthalten. Hämoglobin ist ein Proteinmolekül, dessen Hauptaufgabe es ist, Sauerstoff aus der Lunge zu transportieren und dann in jede Zelle und jedes Gewebe zu transportieren und dann Kohlendioxid von den Zellen und Geweben zurück in die Lunge zu transportieren. Bei unzureichender Eisenversorgung kann der Körper nicht genug Hämoglobin produzieren. Somit erhält der Körper nicht genügend

Sauerstoff, den er benötigt, und kann dem auszuatmenden Körper kein Kohlendioxid entziehen.

Eisenmangel und Anämie sind bei pflanzlicher Ernährung kein Problem. Wenn Sie die Prinzipien befolgen, eisenreiche Pflanzen konsumieren und die Absorptionsprinzipien befolgen, ist es nicht schwer, genug Eisen zu bekommen, unabhängig davon, ob Sie nur tierische Lebensmittel reduzieren oder eliminieren. Verbrauchen Sie mehr Lebensmittel, die reich an Eisen sind, wie zum Beispiel die folgenden:

- Hülsenfrüchte: Limabohnen, Tempeh, Tofu (2,15 mg pro Viertel des Servierblocks), Sojabohnen, Linsen, Kidneybohnen (3,93 mg/Tasse).

- Vollkorn: Hafermehl, Vollkornreis, angereichertes Getreide, Quinoa (2,76 mg/pro Servierbecher), Gerste, Bulgur, Hirse, Buchweizen

- Samen und Nüsse: ungeschälter Sesam (1,31

mg/Esslöffel), Cashewnüsse (8,22 mg/Tasse), Sonnenblume, Pistazie (5 mg/Tasse), Kiefer, Kürbis, Kürbis (2,12 mg/Tasse), Macadamia (5 mg/Tasse), Squash (2,12 mg/Tasse), Mandeln (5,32 mg/Tasse).

- Gemüse: Tomatensauce

- Sonstiges: Pflaumensaft, Blackstrap Melasse (2,39 mg pro 2 Teelöffel)

- Dunkle Blattgrüne: Spinat (6,43 mg Eisen pro 1 Tasse gekochte Menge), Blattkohl, Rübengrün, Grünkohl, Swiss Chard (3,95 mg/ Tasse gekochte Menge), Rübengrün (2,74 mg/ Tasse gekochte Menge).

- Spirulina (2mg pro 2 Esslöffel)

- Trockenfrüchte: Pfirsichhälften (6,50 mg/ Tasse), Backpflaumen, Aprikosen, Rosinen

- Dunkles Pulver und Schokolade (enthält 10,12 Milligramm Eisen pro 3 Unzen von 70-80% der dunklen Schokolade.

Ebenso kann durch den Verzehr von Eisen aus Pflanzen mit Vitamin C die Eisenaufnahme um das Fünffache gesteigert werden, beispielsweise durch den Verzehr von Reis und Bohnen mit Salsa oder Falafel mit Tomaten. Das Eisen in Samen, Getreide und Bohnen ist besser, wenn es mit dem Vitamin C in Gemüse und Obst kombiniert wird. Sie können dunkle Schokolade mit Orangen kombinieren. Darüber hinaus enthalten einige eisenhaltige Pflanzen auch Vitamin C wie Tomatensauce, Brokkoli und Blattgemüse.

Sie sollten auch Tee und Kaffee vermeiden, wenn Sie eisenreiche Mahlzeiten zu sich nehmen. Diese Getränke, zusammen mit anderen Getränken, die Gerbstoffe enthalten, die die Aufnahme von Eisen verhindern. 1 Stunde vor oder 2 Stunden nach dem Essen trinken.

Schließlich ist weniger besser. Die Einnahme einer 15-mg-Eisenpille pro Tag bedeutet nicht, dass Ihr Körper alle 15 Milligramm aufnimmt. Der Körper nimmt weniger Eisen auf, wenn Sie einmalig eine größere Menge Eisen zu sich nehmen. Der tägliche Verzehr von Eisen in geringeren Mengen erhöht jedoch die Absorption. Die empfohlene tägliche Einnahme ist wie folgt:

Alter	Weiblich	Männlich	Laktation	Schwangerschaft
Geburt - 6 Monate alt	0,27 Milligramm	0,27 Milligramm		
7 bis 12 Monate alt	11 Milligramm	11 Milligramm		
1 bis 3 Jahre alt	7 Milligramm	7 Milligramm		
4 bis 8 Jahre alt	10 Milligramm	10 Milligramm		

9 bis 13 Jahre alt	8 Milligramm	8 Milligramm		
14 bis 18 Jahre alt	15 Milligramm	11 Milligramm	10 Milligramm	27 Milligramm
19 bis 50 Jahre alt	18 Milligramm	8 Milligramm	9 Milligramm	27 Milligramm
51 Jahre und älter	8 Milligramm	8 Milligramm		

Kalzium

Der Kalziumgehalt von Pflanzen hängt jedoch vom verfügbaren Kalzium ab, das sie aus dem Boden aufnehmen können. Pflanzen, die in Knochenmehl oder kalkbehandeltem Boden wachsen, haben einen hohen Kalziumgehalt. Darüber hinaus wurden diese Ergebnisse von hydroponisch gewachsenen Pflanzen erhalten, die einen höheren Calciumgehalt als feldgewachsene Pflanzen aufweisen, da sie Calcium aus der Nährlösung in einem Hydroponiksystem absorbieren.

Sie sollten auch die Menge an Salz reduzieren, die Sie zu Ihren Gerichten hinzufügen. Dieselbe Studie ergab, dass zu viel Salz zu einer übermäßigen Kalziumausscheidung über den Urin führt, da sowohl Salz als auch Kalzium dieselben Transportsysteme teilen. Je 2300 mg Natrium, die von der Niere ausgeschieden werden, werden 40 bis 60 mg Calcium aus dem Körper entnommen, was im Laufe der Zeit zu verschiedenen Calciummangelerkrankungen wie Osteoporose oder Knochenerkrankungen führen kann.

Sie müssen auch die Aufnahme von Nahrungsprotein und Aminosäuren reduzieren, da hohe Mengen die Aufnahme von Kalzium minimieren und die

Ausscheidung erhöhen.

Koffein beeinflusst auch den Kalziumspiegel im Körper. Es ist jedoch vernachlässigbar. Eine durchschnittliche Tasse oder 240 ml Kaffee verringern den Kalziumgehalt um 2 bis 3 Milligramm. Auf der anderen Seite ist es möglicherweise am besten, Koffein zu vermeiden, wenn Sie nicht genug Kalzium aus den Lebensmitteln erhalten, die Sie essen.

Wenn Sie also tierische Lebensmittel aus Ihrer Ernährung streichen, müssen Sie ein Kalziumpräparat einnehmen, um Ihren täglichen Bedarf zu decken. Die empfohlene tägliche Einnahme ist wie folgt:

- Tofu mit Kalzium = 80 mg pro 126 Gramm
- Grünkohl = 30,1 mg pro 85 Gramm
- Fruchtpunsch mit Calciumcitratmalat = 156 mg/ 240 ml oder 1 Tasse
- Brokkoli = 21,5 mg pro 71 Gramm

- Bok Choi = 42,5 mg pro 85 Gramm
- Weiße Bohnen = 24,7 mg pro 110 Gramm
- Chinakohlblütenblätter = 94,7 mg pro 65 Gramm
- Chinesisches Senfgrün = 85,3 mg pro 85 Gramm
- Pinto-Bohnen = 11,9 mg pro 86 Gramm
- Rote Bohnen 9,9 mg pro 172 Gramm

Der Kalziumgehalt von Pflanzen hängt jedoch vom verfügbaren Kalzium ab, das sie aus dem Boden aufnehmen können. Pflanzen, die in Knochenmehl oder kalkbehandeltem Boden wachsen, haben einen hohen Kalziumgehalt. Darüber hinaus wurden diese Ergebnisse von hydroponisch gewachsenen Pflanzen erhalten, die einen höheren Kalziumgehalt als feldgewachsene Pflanzen aufweisen, da sie Calcium aus der Nährlösung in einem Hydroponiksystem absorbieren.

Sie sollten auch die Menge an Salz reduzieren, die Sie zu Ihren Gerichten hinzufügen. Dieselbe Studie ergab, dass zu viel Salz zu einer übermäßigen Kalziumausscheidung über den Urin führt, da sowohl Salz als auch Kalzium dieselben Transportsysteme teilen. Je 2300 mg Natrium, die von der Niere ausgeschieden werden, werden 40 bis 60 mg Kalzium aus dem Körper entnommen, was im Laufe der Zeit zu verschiedenen Calciummangelerkrankungen wie Osteoporose oder Knochenerkrankungen führen kann.

Sie müssen auch die Zufuhr von Nahrungsprotein minimieren, da hohe Mengen davon sowie Aminosäuren die Absorption von Kalzium verringern und die Ausscheidung erhöhen.

Koffein beeinflusst auch den Kalziumspiegel im Körper. Es ist jedoch vernachlässigbar. Eine durchschnittliche Tasse oder 240 ml Kaffee verringern den Kalziumgehalt um 2 bis 3 Milligramm. Auf der anderen Seite ist es möglicherweise am besten, Koffein zu vermeiden, wenn Sie nicht genug Kalzium aus den Lebensmitteln erhalten, die Sie essen.

Wenn Sie also tierische Lebensmittel aus Ihrer Ernährung streichen, müssen Sie ein Kalziumpräparat einnehmen, um Ihren täglichen Bedarf zu decken. Die empfohlene tägliche Einnahme ist wie folgt:

- **Kinder von 1 bis 3 Jahren:** 700 Milligramm

- **Kinder von 4 bis 8 Jahren:** 1.000 Milligramm

- **Kinder von 9 bis 18 Jahren:** 1.300 Milligramm

- **Erwachsene von 19 bis 50 Jahren:** 1.000 Milligramm

- **Frauen 51 bis 70 Jahre alt:** 1.200 Milligramm

- **Männer 51 bis 70 Jahre alt:** 1.000 Milligramm

- **Männer und Frauen 71 Jahre und älter:** 1.200 mg

Vitamin D

Andererseits ist Vitamin D lebenswichtig, da es den Kalziumstoffwechsel sowie das Immunsystem und die Darmfunktion reguliert, den Körper vor bestimmten Krebsarten schützt, eine gesunde Stimmung fördert und Entzündungen reduziert. Es kommt hauptsächlich in Meeresfrüchten, Milchprodukten, Eiern und Organfleisch vor.

Eine unzureichende Menge an Vitamin D führt zu Osteoporose und anderen Knochenproblemen, Depressionen und verminderter Darmgesundheit.

Nehmen Sie mindestens 15 Minuten lang eine gute Dosis Sonnenschein ein, um die empfohlene

Tagesdosis zu erhalten. Sonnenlicht ist die beste Quelle für Vitamin D und wird daher als Sonnenvitamin bezeichnet. Pilze sind eine ausgezeichnete Quelle. Eine Tasse enthält 2 IE oder 1 Prozent Ihrer täglichen Einnahme. Zum Beispiel enthalten getrocknete Shiitake-Pilze 154 IE Vitamin D pro 3 Unzen Portion, Morchel-Pilze enthalten 212 IE pro 3 Unzen Portion, und mit natürlichem Licht behandelte Pilze können bis zu 600 IE pro 3 Unzen Portion liefern, wie Monterey Baby Bellas in Scheiben geschnitten. Zwei Tassen Joghurt und Milch ohne Milchprodukte sind ebenfalls eine gute Quelle. Sie können auch das D2-Präparat, auch Ergocalciferol genannt, ein tierfreies Vitamin D-Präparat einnehmen. Es wird aus Hefe gewonnen und wirkt als Vitamin D3, ein Vitamin-D-Präparat tierischen Ursprungs. Im Vergleich zu Vitamin D3 sinkt der Vitamin D2-Spiegel jedoch nach ein paar Tagen schnell. Durch die tägliche Einnahme von Vitamin-D2-Tabletten erreichen Sie eine Menge, die nahe an der empfohlenen Tagesdosis liegt. Ab sofort ist auch veganes Vitamin D3 erhältlich, das im Blut besser resorbierbar ist als D2.

Wenn Sie die Vor- und Nachteile dieser Diät kennen, können Sie ihre Praktiken an Ihre Bedürfnisse anpassen. Dies ist auch hilfreich, wenn Sie den Reichtum Ihrer Ernährung mit Ihrer Familie und Freunden teilen möchten. Am wichtigsten ist, dass Ihr gesamtes Gesundheitspotenzial besser erreichbar ist.

Seien Sie fit und stark

Das Erreichen des vollen Gesundheitspotenzials ist das große Ganze, das Sie bereitwillig übernehmen. Diätetiker haben Erfolg, weil winzige, aber wesentliche Details dieser Vision sehr motivierend sind. Einer der kleinen Vorteile ist die Tatsache, dass Sie durch die pflanzliche Ernährung Ihre ideale Körperfitness erreichen und stark werden.

Gesundheitsforscher des Journals Nutrition &

Diabetes haben in einem kürzlich durchgeführten Experiment bewiesen, dass diese gesunde Ernährungsgewohnheit ein Werkzeug für einen gesunden und gesunden Körper sein kann. Die Forscher baten 23 Patienten im Alter zwischen 35 und 70 Jahren, die WFPB-Diät drei Monate lang zu praktizieren und zu befolgen. Der Ernährungsplan enthielt keine Einschränkungen hinsichtlich der Nahrungsergänzung und enthielt zusätzliche Quellen für Vitamin B12. Den Patienten waren Fälle von Adipositas mit Bluthochdruck, Typ-2-Diabetes, Hypercholesterinämie und ischämischer Herzkrankheit bekannt. Die Angehörigen der Gesundheitsberufe kamen zu dem Schluss, dass sich der Cholesterin- und der Body-Mass-Index (BMI) erheblich unterscheiden. Die Patienten erzielten einen signifikanteren Gewichtsverlust im Vergleich zu anderen Diätpraktiken.

McMacken, M. und Shah, S.m Journal of Geriatric Cardiology (2017), geben an, dass eine Ernährung mit hohem Obst- und Gemüsegehalt eine untergeordnete Rolle bei der Vorbeugung von Typ-2-Diabetes spielt. Es ist wertvoller bei der Steigerung von Ballaststoffen und Phytonährstoffen, der Verringerung gesättigter Fette und der Förderung eines guten Körpergewichts unter mehreren anderen gesundheitlichen Vorteilen.

Es ist offensichtlich, dass Gesundheitsexperten der Ansicht sind, dass die pflanzliche Ernährung ein entscheidender Faktor für die Entwicklung und Aufrechterhaltung eines gesunden Körpers sein kann.

Ihre Forschung zeigt, dass eine gesunde Essgewohnheit, die reich an Vollwertkost ist, die folgenden Vorteile bietet:

- Effektivität mit notwendiger Gewichtsabnahme

- Reduzierung von Migräne und entsprechender Erhaltung des BMI

- Reduzierung von Allergien

- Vorbeugung von häufigen Erkrankungen und

Krankheiten

- Vielversprechend längere Lebensdauer

Sich fit und gesund zu fühlen, ist ein klares Ziel, das Sie erreichen können, jetzt da Sie wissen, dass die pflanzliche Ernährung Ihnen helfen kann. Diese reiche Eigenschaft des Nutzens sichert Ihre Gesundheit. Sobald Sie mit dem Ernährungsplan beginnen, werden Sie langsam Fortschritte bemerken. Sie werden Zeuge und fühlen, dass die Gesundheit Ihres Körpers besser ist als jemals zuvor.

Gewinnen Sie Energie und die besten Nährstoffe.

Die Gewinnung von Energie und den besten Nährstoffen sind weitere motivierende kleine Vorteile, die Ernährungsberatern ein volles Gesundheitspotenzial bieten.

Pflanzliche Ernährungsgewohnheiten sind

energischer als tierische Ernährungsgewohnheiten, da sie die richtigen Ernährungsgewohnheiten in ihren Ernährungsplan aufnehmen. Viele Menschen, die mit einer pflanzlichen Ernährung leben, führen dieses Verfahren durch:

1. Erstellung von Lebensmittelpläne, die den täglichen Energiebedarf decken und so das Einkaufen und Kochen erleichtern.

2. Rechtzeitige Investition in die Zubereitung von Zutaten für Energiegerichte. Experten glauben, dass Sie mindestens 45 Minuten pro Woche mit Gemüse verbringen können.

3. Essen von Frühstück mit komplexen Kohlenhydraten, einschließlich Obst, Gemüse und Vollkorn. Sie helfen Ihrem Körper Energie zu geben, um den Tag richtig zu beginnen.

4. Trinken von Smoothies auf pflanzlicher Basis und ersetzen von Kaffee durch Obst. Mit oder

ohne pflanzliches Proteinpulver geben pflanzliche Smoothies sowohl Energie als auch Nährstoffe. Obst kann auch als eine optimalere Energiequelle angesehen werden als Kaffee, da Vitamin C aus Früchten eine energiesparende Wirkung hat.

Smoothies eignen sich hervorragend zum Frühstück oder als Snack. Sie benötigen nur ein paar Zutaten, sind sehr einfach zuzubereiten und können als Fertiggericht verwendet werden. Bereiten Sie sie einfach vor und nehmen Sie sie an einem anstrengenden Tag aus dem Kühlschrank. Sie können Smoothies mischen und dann einfrieren. Vor dem Trinken einfach über Nacht im Kühlschrank auftauen.

Sie können die Zutaten auch zubereiten, in Quarzsäcken oder Einmachgläsern verpacken, die Behälter mit dem Namen des Smoothies und dem Datum der Verpackung kennzeichnen und dann einfrieren. Seien Sie beim Beschriften genau. Schreiben Sie, wie viel Flüssigkeit benötigt wird, und fügen Sie hinzu, welche Booster Sie hinzufügen möchten und wie viel. Wenn Sie einen Smoothie genießen möchten, lassen Sie ihn einfach ein paar Minuten auf der Theke oder geben Sie ihn in warmes Wasser und rühren Sie ihn glatt. Diese vorverpackten Mischungen sind einige Monate haltbar, aber am besten, wenn Sie sie innerhalb von 2 bis 4 Wochen zu einem Smoothie verarbeiten.

Sie sind reichhaltige Mischungen aus Obst, Gemüse und einer flüssigen Basis sowie einigen Boostern und Verdickungsmitteln. Andere fügen der Mischung nichtblättriges Gemüse und Kräuter hinzu, um die Gesundheit zu verbessern.

Diese super nahrhaften Getränke sind vollgepackt mit Vitaminen, Mineralien,

Phytonährstoffen, Antioxidantien und vielem mehr. Meistens enthalten sie keine künstlichen Süßstoffe und sind arm an schlechtem Fett und Kalorien. Die Kombination aus frischen Zutaten fördert den Stoffwechsel, hilft beim Abnehmen, entgiftet den Körper, spült Abfälle und Toxine aus und stärkt die Immunität, sodass Ihr Körper gesund bleibt.

Diese Fast-Food-Mischungen sind zweifellos eine perfekte Ergänzung für Ihre pflanzliche Ernährung. Abhängig von Ihrem Geschmack und Ihren Bedürfnissen können Sie Ihr Lieblingsgemüse und Obst mischen und kombinieren. Hier ist eine einfache Anleitung zu den Blattgemüsen, Flüssigkeiten, Früchten, Gemüse, Verdickungsmitteln und Boostern, die Sie mischen können. Sobald Sie das perfekte Verhältnis der Zutaten gefunden haben, schmecken sie nicht mehr grün.

Blattgrün und/oder Kräuter (1 Tasse)	Flüssigkeiten (1 Tasse)	Obst und/oder Gemüse (1 1/2 Tasse)	Verdickungsmittel	Booster

Basilikum	Mandelmilch	Apfel	Avocado	Gesunde Fette, wie Kokosöl, Leinsamenöl, Avocado und Cashewnüsse. Protein: Nüsse und Samen. wie
Bok Choy	Kokosnussmilch	Avocado	Ungesüßte Nussbutter	
Koriander	Kokosnusswasser	Banane	Joghurt	
Collards	Wasser	Rüben		
Löwenzahn		Beeren		
Dill		Trauben		
Grünkohl		Jicama		
Lavendel		Mango		
Minze		Orange		
Peters		Pfirsic		

Da diese Smoothies Früchte enthalten, können sie bereits süß sein. Sie können jedoch Medjool-Datteln, Kokoswasser, Kokosnusszucker, Zimt, Melasse, Goji-Beeren, reinen Ahornsirup oder Lucuma-Pulver zum Süßen der Mischung hinzufügen. Sie können auch Aromastoffe wie Kakaopulver, Kokosraspeln, Muskat, Zimt oder Vanilleextrakt hinzufügen.

Wichtige Erinnerung:

Egal, ob Sie Ihren Smoothies Gemüse hinzufügen oder Ihren Gerichten, der Verzehr desselben Blattgrüns kann zur Bildung von Alkaloiden führen. Alle rohen Blattgrüns enthalten geringe Mengen an Toxinen, um sie vor dem Verzehr durch Tiere und dem

Abwischen ihrer Spezies zu schützen . Wenn Sie mehrere Wochen lang jeden Tag dasselbe Blattgrün verwenden, können sich die Giftstoffe in Ihrem Körper ansammeln, was zu Symptomen von Alkaloidbildung wie Übelkeit, Kribbeln in den Fingerspitzen und Müdigkeit führt. Es besteht kein Grund zur Besorgnis, die Entstehung von Toxinen ist selten, und wenn Sie Symptome bemerken, sind diese mild und halten nicht lange an. Es ist jedoch immer besser, auf Nummer sicher zu gehen.

Verwenden Sie eine Vielzahl von Blattgemüse für Ihre pflanzlichen Smoothies und rohen Gerichte. Drehen Sie sie wöchentlich und verwenden Sie Blattgemüse aus verschiedenen Familiengruppen. Grüntöne aus verschiedenen Familien enthalten verschiedene Toxine. Wenn Sie also ein Blattgrün aus einer Familie in eine andere aus einer anderen Familie wechseln, wird die

Bildung von Alkaloiden verhindert. Zum Beispiel können Sie für diese Woche Grünkohl und Spinat kaufen und dann für die nächste Woche Römersalat und Mangold.

Hier ist ein einfache Leitfaden zu den grünem Gemüse, die Sie austauschen können.

Kreuze	Amaranth	Asteraceae	Apiaceae
Grünkohl	Spinat	Löwenzahn	Sellerie
Rucola	Rübengrün	Romagnasalat	Koriander
Halsband-Grün	Mangold		Karottenspitzen
Kohl			
Bok Choy			

Hier sind ein paar Smoothies, die Sie genießen können. Zum Mischen einfach zuerst die Flüssigkeit und das Obst und Gemüse hinzufügen, mischen und dann die anderen Zutaten kombinieren. Fügen Sie ein beliebiges Süßungsmittel oder Aroma Ihrer Wahl hinzu und mischen Sie es. Wenn Sie einen dickeren Smoothie wünschen, können Sie danach Eis hinzufügen und erneut mischen. Verwenden Sie für ein kaltes Getränk ohne Eis gefrorenes Obst und Gemüse.

Smoothie mit Erdnussbutter, Banane, Cranberry (für 1 Person)

- 1 1/2 Esslöffel gemahlener Hanfsamen,
- 1 Tasse ungesüßte Kokosmilch
- 1 gehäufter Esslöffel (näher an 2 Esslöffeln) ungesüßte, glatte, biologische Erdnussbutter.
- 1 großformatige Bio-Banane, in Scheiben geschnitten und dann gefroren
- 1 Esslöffel gemahlene Chiasamen
- 1/4 Tasse getrocknete Bio-Preiselbeeren (gesüßt mit Fruchtsaft oder ungesüßt)
- 3-4 Eiswürfel

Mango-Smoothie-Bowl (für 1 Person)

- 1 Banane
- 1/2 Tasse Mango, gewürfelt
- 3 Handvoll Babykohl {oder Spinat}
- 2 Esslöffel Hanfsamen
- 1/2 Tasse ungesüßte Mandelmilch {oder bevorzugte Milch}
- 1/8 Teelöffel rosa Salz {oder Meersalz}
- Handvoll Eis

Zum Garnieren:

- Geschnittene Mango
- Besprühen mit bevorzugtem Flüssigsüßstoff
- Rote russische Grünkohlsprossen
- Hanfsamen

Golden-Glow-Smoothie (für 1 Person)

- 1 Tasse Orangensaft, frisch gepresst
- 1 süßer Apfel, bio, geschält und gehackt
- 1 Teelöffel Ingwer, frisch gerieben
- 1/2 Tasse Babyspinat
- 5 Eiswürfel

Minze-Gurke-Apfel-Smoothie

- 6 Minzblätter
- 1/2 Gurke, in Scheiben geschnitten
- 1 grüner Apfel, Bio, geschält und gehackt
- 1/2 Tasse kaltes, gereinigtes Wasser
- 5 Eiswürfel

Alkalischer Verstärker-Smoothie

- 2 Esslöffel Mandelbutter oder Kokosöl
- 1/4 Tasse Kokosnusswasser
- 1/4 Avocado
- 1/2 Birne
- 1 Teelöffel Chiasamen
- 1 Tasse Spinat ODER Grünkohl, verpackt
- 1 Tasse Mandelmilch

5. Schließen Sie Bio-Lebensmittel und ballaststoffreiche Lebensmittel ein. Natürliche Lebensmittel sorgen für Nährstoffe, die der Körper benötigt. Faserige Nahrung liefert Energie, indem sie die Verdauung verlangsamt. Sie können den ganzen Tag über die beste Vitalität mit ballaststoffreichen Speisen

genießen.

Einige der besten Energieversorger sind unten aufgeführt.

- Chiasamen-Joghurt
- Tempeh-Salat-Wraps
- Quinoa-Bowls
- Erdnussbutter-Banane
- Preiselbeer-Smoothie

Um den ganzen Tag über lebendig zu wirken, können Sie diese Gerichte auf pflanzlicher Basis zubereiten. Ihre Freunde und Mitarbeiter wären eifersüchtig auf die Energie, die Sie mit diesen Lebensmitteln erhalten können. Sie fühlen sich produktiver und wissen, dass Sie die richtige Wahl getroffen haben.

Dies alles läuft darauf hinaus, die Tatsachen zu kennen, die dafür sprechen, dass pflanzliche Nahrungsmittel reich an Nährstoffen sind. Hier finden Sie weitere Informationen zu einigen der Nährstoffe, die diese Lebensmittel enthalten.

Hoher Ballaststoffanteil

Verwaltet das Körpergewicht, beugt Verstopfung vor und reduziert das Risiko von Diabetes und Herzerkrankungen. Avocado (10,5 g/Tasse geschnittene Portion), asiatische Birnen (9,9 g/Mittelobst), Himbeeren (8 g/Tasse), Brombeeren (7,6 g/Tasse), Kokosnuss (7,2 g/Tasse), Feigen (14,6 g/Tasse getrocknete Feigen), Artischocken (10,3 g/Mittelstück), Erbsen (8,6 g/Tasse gekocht), Okra (8.2 g/Tasse), Eichelkürbis (9 g/Tasse gebacken), Rosenkohl (7,6 g/Tasse), Rüben (4,8 g/Tasse), schwarze Bohnen (12,2 g/Tasse), Kichererbsen (8 g/Tasse), Limabohnen (13,2 g/Tasse gekocht), Spalterbsen (16.3 g/Tasse gekochte Portion), Linsen (10,4 g/Tasse gekochte Portion), Mandeln (0,6 g/Sechs-Mandeln oder 1,9 g/Tonne), Leinsamen (3 g/

Tonne), Chiasamen (5,5 g/Tonne) und Quinoa (5 g/ Tasse gekochte Portion).

Vitamin C

Unterstützt die Energie, bekämpft Krankheiten, baut physischen und emotionalen Stress ab und erhöht das Eisen. Beispiele: Paprika, insbesondere gelbe Paprika (95,4 mg/10 Streifen oder 52 g), Guave (125,6 mg/Frucht oder 376,7 mg/Tasse oder 165 g), Grünkohl (80,4 mg/Tasse), grüne Kiwi (80,4 mg/Tasse oder 166,9 mg/Tasse in Scheiben), Brokkoli (81,2 mg/Tasse in Scheiben), Erdbeeren (10,6 mg/Große Früchte oder 10.6mg/Tasse geschnittene Portion oder 166 g), Orangen (69,7mg/Orange oder 95,8mg/Tasse Portion), gekochte Tomaten (56,1mg/2 gekochte Tomaten oder 54,7mg/Tasse oder 240 g), Erbsen oder Räudetout (20,4mg/10 Schüsselchen oder 37,8mg/Tasse) und Papaya (95,6mg/kleine Früchte oder 88,3mg/Tasse geschnittene Portion).

Magnesium

Erhält eine gesunde Nerven- und Muskelfunktion, hält das Immunsystem gesund, erhält den gesunden Herzrhythmus und baut starke Muskeln auf. Beispiel: Spinat (157mg/Tasse oder 180 g), Kürbis- und Kürbiskerne (156mg/1 Unze Handvoll oder 28 g), Limabohnen (126mg/Tasse oder 170 g), brauner Reis (86mg/Tasse oder 195 g), Mandeln (79mg/1 Unze Handvoll oder 28 Gramm), dunkle Schokolade - 85 Prozent Kakao (65mg/1 Unze Quadrat oder 28 g), Avocado (44 mg/1 Tasse Portion oder 150 g) und Bananen (32mg/1 mittlere Frucht).

Kalium

Hält den Elektrolyt- und Flüssigkeitsgleichgewicht im Körper aufrecht. Beispiele: Trockenaprikosen (1511mg/Tasse oder 130 g), weiße Bohnen (1004mg/1 Tasse oder 170 g), Avocado (975mg/1 mittlere

Frucht), Kartoffeln (926mg/1 mittlere Frucht), Eichelkürbis (896mg/Tasse oder 205 g), Spinat (839mg/Tasse oder 180 g), weiße Champignons (555mg/Tasse oder 156 g) und Bananen (422/1 mittlere Frucht).

Denken Sie daran, dass es der pflanzlichen Ernährung an Vitamin B12 mangelt. Sie können Ihre Gesundheitsziele angemessen erreichen, indem Sie Nährstoffhefen in Ihren Speiseplan aufnehmen. Er ist auch ein ausgezeichneter Ersatz für Käse.

Ihr Körper wird immer das beste Gefühl haben, denn pflanzliche Nahrung enthält lebenswichtige Nährstoffe. Sie werden sehen, dass Sie eine bessere Leistung erbringen und mehr erreichen können, da diese Nährstoffe den Körper unterstützen. Jeden Tag, an dem Sie diese gesunde Essgewohnheit praktizieren, werden Sie viel Energie und Nährstoffe haben. Sie werden aufhören, sich Gedanken über das „Überleben" zu machen, weil Sie stattdessen gerne leben.

Entwicklung der richtigen Ernährungsgewohnheiten

Das letzte kleine Detail, das hilft, das volle Gesundheitspotenzial zu erreichen, ist die richtige Entwicklung von pflanzlichen Ernährungspraktiken, die die Frage aufgreifen: *Woher wissen Sie, dass Sie mit Ihrer Diät auf dem richtigen Weg sind?* Die Antwort ist einfach. Sie können diese Diät von anderen Diäten unterscheiden und sie dann an Ihre Bedürfnisse anpassen.

Das folgende Bild dient als Orientierungshilfe beim Vergleich von populären Gesundheitsdiäten.

Pflanzenbasiert	Vegan	Flexitarian	Reduziert

-Priorisiert vollwertige Früchte, Gemüse und Getreide. - Vermeidet oder begrenzt tierische Lebensmittel und Pflanzenfragmente.	-vermeidet tierische Produkte vollständig - Gewohnheiten basieren auf ethischen Überzeugungen. -Kann immer noch verarbeitete Lebensmittel essen.	-Isst hauptsächlich Obst, Gemüse und Getreide, erlaubt aber Fleisch und Milchprodukte.	- Beschließt, weniger Fleisch und Milchprodukte zu essen.

Die pflanzliche Ernährung hebt sich von den anderen Diäten ab, da sie tierische Lebensmittel berücksichtigt. Sie sollten Ihren Arzt konsultieren, um die beste Wahl für die Umsetzung dieses gesunden Ernährungsplans zu treffen. Die meisten Fachleute würden vorschlagen, dass diese Diät wegen ihrer gesundheitlichen Vorteile ein guter Ernährungsplan ist.

Wenn Sie den Reichtum der Ernährung entdecken, entdecken Sie den Schatz des vollen Gesundheitspotenzials. Pflanzliche Nahrung verleiht dem Körper Kraft und Fitness. Es liefert auch viel Energie und Nährstoffe. Sie werden froh sein, gesündere Entscheidungen zu treffen, um Ihre Gesundheit zu entwickeln und zu verbessern.

Wichtige Erkenntnisse

- Die pflanzliche Ernährung ist der Verzehr von Obst und Gemüse sowie die Vermeidung oder Einschränkung des Verzehrs von tierischen Lebensmitteln. Es ist auch bekannt als Vollwertkost auf pflanzlicher Basis (WFPB).

- Die Hauptnahrungsmittel sind vollwertiges Obst, Gemüse, Hülsenfrüchte, Knollen und Vollkorn.

- Tierische Lebensmittel und Pflanzenfragmente sollten vermieden oder eingeschränkt werden, was die Ernährung im Vergleich zu anderen gängigen Diäten einzigartig macht.

- Diese Diät bietet einen gesunden und fitten Körper, indem sie das Körpergewicht hält, Krankheiten vorbeugt und ein langes Leben neben anderen Vorteilen verspricht.

- Diese Ernährung liefert auch mehr Energie und Nährstoffe. Einige dieser Quellen sind Chiasamen, Fruchtsmoothies, Rosinen und Mandeln.

Kapitel 2: Implementierung der pflanzlichen Ernährung zu Hause

Der erste Ort, an dem Sie die Reichtümer einer gesunden Essgewohnheit genießen können, sollte zu Hause sein. Sie können diesen Ernährungsplan effizient anwenden. Die Methoden sind nicht kompliziert und können sogar als „die lustigen Highlights" Ihres Alltags angesehen werden. Hier erhalten Sie einen zuverlässigen Leitfaden zur Umsetzung dieses Ernährungsplans für Ihr Zuhause und zur weiteren Einhaltung Ihrer Ernährungsziele.

Beherrschung der Lebensmittelgrundlagen

Manchmal sitzt man mit einer leeren Einkaufsliste an der Küchentheke fest. Sie müssen sich jetzt keine Sorgen mehr machen, denn mit diesem ausgezeichneten Speiseplan ist es ganz einfach, Ideen für die Küche Ihres Hauses zu finden. Die Ernährung lässt Sie sich hauptsächlich die besten Produkte aus der Obst- und Gemüsesektion des Lebensmittels vorstellen. Es wird dann sichergestellt, dass Sie den richtigen Ersatz für tierische Produkte und Milchprodukte in Betracht ziehen.

Wenn Sie Ihre Einkaufsliste zu Hause zusammenstellen, können Sie immer auf diesen Leitfaden zurückgreifen und die Grundlagen der Einkaufsliste für pflanzliche Ernährung nachlesen. Die Produkte basieren auf einem Plan auf Pflanzenbasis mit 2.000 Kalorien.

Obstprodukte

- Zitronen. Zitronensaft kann bei Verdauungsproblemen helfen und wird am besten 30 Minuten vor dem Essen eingenommen.

- Grapefruit, Heidelbeeren und Limetten sind nur einige Beispiele für zuckerarme Früchte.

- Trockenfrüchte sind eine gesunde Ergänzung zu Salaten.
- In der Saison sollten Bio-Früchte immer im Vordergrund stehen.
- Betrachten Sie 2 Tassen Obst täglich.

Pflanzliche Produkte

- In der Saison sind Bio-Gemüse nicht nur die nahrhafteste Wahl, sondern auch sehr preiswert.
- Kreuzblütlergemüse gilt als Krebsverhinderer.
- Blumenkohl ist ein köstliches Kreuzblütlergemüse.
- Stellen Sie sicher, dass täglich 2 1/2 Tassen Gemüse konsumiert werden.

Hülsenfrüchte

- Schließen Sie Linsen und Bohnen ein, wenn

Sie eine Proteinauswahl benötigen. Es sollte 5 1/2 Unzen Protein pro Tag für eine gute Gesundheit sein. Pflanzenbasierte Ernährungsberater empfehlen, Hülsenfrüchte täglich zu essen.

Vollkorngetreide

- Körner sind „vollwertig", wenn sie alle drei Bestandteile haben: Kleie-, Keim- und Endospermanteil.

- Faro ist eine ausgezeichnete Wahl, die Magnesium, Protein und Eisen bietet.

- Brauner Reis kann eine 5-Gramm-Proteinwahl sein. Es liefert neben anderen Nährstoffen auch Kalzium und Kalium.

- Etwa 6 Unzen Vollkorn sind nahrhaft.

Ersatz von Milchprodukten

- Trinken Sie Mandelmilch, da es sich um eine kalorienarme und zuckerarme Option handelt. Es enthält auch Fette, die gut für das Herz sind.

- Betrachten Sie 4 Gramm Hafermilch als Protein. Aber es ist reich an Kalorien und Zucker.

- Es gibt milchfreie Milchprodukte mit Vitamin B12, die auf den Nährwertkennzeichnungen angegeben sind.

- Schließen Sie Mandel-, Soja- oder Kokosjoghurt ein. Beschränken Sie es auf unter 10 Gramm, um einen hohen Blutzucker zu vermeiden.

- Etwa 3 Tassen dieser Milch- und Joghurtersatzstoffe sollten täglich in Ihren Speiseplan aufgenommen werden.

Ihre Einkaufsliste hilft Ihnen, Ihre

Verpflegungsplanung abzuschließen. Die Informationen über diese pflanzlichen Produkte sind relevant, weil sie Ihrem Haus gesunde Ernährungsmöglichkeiten versprechen. Sie werden in der Lage sein, einen geeigneten Körper zu pflegen, der mit Ihren Ideen für die intelligente Einkaufsliste beginnt.

Bereiten Sie Ihr Küchenreich vor

Bevor Sie eine pflanzliche Ernährungsumstellung vornehmen, sollten Sie Ihre Küche mit den besten Geräten vorbereiten. Sie sollten in hochwertige Küchengeräte investieren, um ein reibungsloses Kochen und Essen zu gewährleisten. In diesem Abschnitt werden verschiedene Herangehensweisen beim Kochen erläutert. Es handelt sich dabei um spezielle Küchenwerkzeuge, mit denen sich eine hervorragende Zubereitung auf pflanzlicher Basis erzielen lässt.

Schnellkochen

- Elektroherde sind empfehlenswert, da das Kochen im Ofen mehr Zeit in Anspruch nehmen kann. Einige Elektroherde können auch zum langsamen Kochen, Reiskochen und Dämpfen verwendet werden.

- Das Schnellkochen für diese Diät wird hauptsächlich für Suppen, Tiefkühlgemüse und Vollkornweizen wie Haferflocken verwendet.

- Ein 6-Quart-Modell ist für eine Familie von 5 Personen geeignet, während 5-Quart-Modelle für einen Haushalt mit weniger Personen geeignet sind.

Schneiden und Hacken

- Einige 7-Zoll-Messer können für Gemüse und

große Früchte wie Wassermelone verwendet werden.

Schüsseln

- Eine große Schüssel ist ideal für Salate, Gemüse und Brot. Entscheiden Sie sich für eine rostfreie Variante.

Mixer

- Mixer werden immer für Ihre pflanzlichen Rezepte benötigt. Sie werden unter anderem für Bohnen-Dips, Smoothies, Salatdressings und Puddings benötigt.

Lebensmittelverarbeitung

- Kleine Lebensmittelverarbeiter können Kräuter zerkleinern oder hacken.

- Lebensmittelverarbeiter können helfen, Gemüse zu reiben, Bohnen zu zerkleinern und in Scheiben zu schneiden.

Mit diesen Küchengeräten können Sie leckere und nahrhafte pflanzliche Gerichte zubereiten. Wenn diese Geräte in Top-Form sind, werden Sie mehr Freude am Kochen haben. Sie werden feststellen, dass die Diät auch eine lustige Erfahrung sein kann.

Erstellen Sie die richtigen pflanzenbasierten Anpassungen.

Wenn Sie Ihren eigenen Ernährungsplan auf pflanzlicher Basis erstellen möchten, sollten Sie Anpassungen in Betracht ziehen, die Ihren Ernährungsbedürfnissen angemessen entsprechen. Wie im vorherigen Kapitel erwähnt, ist diese Diät nicht perfekt. Es fehlt Vitamin B12 und einige notwendige Fettsäuren. Erfahren Sie hier mehr über Anpassungen, die zu einer guten Gesundheit beitragen.

Sicherstellung von Vitamin B12

Auch hier ist Vitamin B12 wichtig, da es die Bildung von Blutzellen und die Teilung von Blutzellen unterstützt. Es hilft auch, das Nervensystem zu unterstützen. Frauen, die stillen, müssen über ausreichend Vitamin B12 verfügen, da das Kind sonst ein Risiko für ein apathisches, lethargisches und allgemeines Überleben eingeht. Es wird angenommen, dass Menschen täglich 2 1/2 Mikrogramm Vitamin B12 zu sich nehmen sollten (Craig, W.J., PhD., MPH, RD 2015).

Um sicherzustellen, dass Sie genug Vitamin B12, einschließlich Soja oder Reismilch, in Ihrem Ernährungsplan haben. Verwenden Sie Nährhefen, die auf ihren Etiketten Vitamin B12 enthalten. Sie können auch Getreide finden, das mit diesem Nährstoff reichlich vorhanden ist.

Sicherstellung der notwendigen Fettsäuren

Die pflanzliche Ernährung liefert möglicherweise nicht genügend Omega-3-Fettsäuren. Denken Sie daran, dass Omega-3-Fettsäuren zur Bekämpfung von Herzerkrankungen anerkannt sind. Ebenso können Sie Omega-3-Fettsäuren durch Kochen mit Soja-, Leinsamen- oder Rapsöl aufnehmen. Sie können auch mehr Walnüsse essen.

Vorbeugung von Anämie

Einige Leute glauben, dass es der pflanzlichen Ernährung an Eisen mangelt. Aber Gesundheitsexperten und die klare Wahl der Lebensmittel widerlegen diese Theorie leicht. Einige pflanzliche Lebensmittel, die viel von diesem Mineralien liefern und Anämie verhindern, sind:

- Bohnen
- Rübengrün

- Grünkohl
- Aprikosen
- Nudeln

Sicherstellung von Protein

Andere glauben, dass das Essen von pflanzlichen Lebensmitteln einen Proteinmangel bedeutet. Es gibt wenig Beweise dafür, dass diese Theorie richtig ist. Viele Lebensmittel bieten Protein an. Sie sollten proteinreiche Nahrungspicks in Ihren Ernährungsplänen wie Baked Beans, Tofu und mittelgroße Bagels haben.

Minimierung von Fleisch

Heutzutage beteiligen sich mehrere pflanzliche Diät-Anfänger an der weltweiten Kampagne „Fleischloser Montag". Ähnliche Initiativen können dazu beitragen, dass Sie weniger Fleisch essen und eine disziplinierte Diät einhalten. Sie können die Teller, die Sie mit Fleisch haben, auf die Hälfte von dem schneiden, was Sie normalerweise essen. Fordern Sie sich heraus, 10 Tage ohne Hühnchen oder andere fleischige Favoriten zu fahren, ohne zu schummeln.

Beachten Sie, dass Sie die Beseitigung von Fleisch und anderen tierischen Produkten in Ihrem eigenen Tempo vorantreiben sollten. Sie können sich auch von Ihrem Arzt beraten lassen. Mit diesen Hinweisen werden Sie die richtigen Anpassungen pflanzlicher Lebensmittel ansprechen und sicherstellen, dass Ihr Übergang zu einer gesunden Ernährung reibungslos verläuft.

Nageln Sie den Schlüssel zu einer disziplinierten Ernährung

Haben Sie das Gesamtbild einer pflanzlichen Ernährung? Abgehackt.

Einprägen der Dos und Don'ts des gesunden

Ernährungsplans? Abgehackt.

Haben Sie Ihre Küche vorbereitet und die notwendigen Anpassungen aufgeschrieben? Abgehackt.

Diese Aufgaben sind einfach im Vergleich zu den Ängsten bei der Disziplin-Diät, wo die eigentliche Herausforderung liegt. Mit diesem zuverlässigen Leitfaden können Sie Ihre Sorgen überwinden. Jeder Schritt dient als Schlüssel, der Ihre Fähigkeiten freisetzt, um die besten pflanzlichen Essgewohnheiten zu erreichen.

Schritt 1: Es gibt keinen Druck.

Erinnern Sie sich, wie Sie mit fleischlosen Montagen beginnen können? Sie sollten sich auch immer wieder daran erinnern, dass es bei dieser Diät keinen wirklichen Druck gibt, streng zu sein. Sie kennen in Ihrem Verstand und in Ihrem Herzen die Hauptgründe, warum Sie eine gesunde

Essgewohnheit gemacht haben. Sie müssen nicht gleich Druck ausüben, um Ihre Ernährungsziele zu erreichen. Behalten Sie einfach Ihre Motivation im Hinterkopf und beginnen Sie mit dem Übergang.

Sie können mit dem Ziel Fleischloser Montag beginnen. Dann die 10-tägige Praxis, spezifisches Fleisch zu essen. Dann verlängern Sie die Frist auf einen Monat. Vermeiden Sie es, sich wegen Misserfolgs oder Selbstzweifeln zusammenzuschlagen, und denken Sie über diesen Schlüssel nach – ohne Druck!

Schritt 2: Zielen Sie auf die Miniziele.

Schreiben Sie die großen Ziele auf, wie Sie zu Hause und im Büro abnehmen oder sich fit halten können. Fügen Sie dann die Mini-Ziele in die Anwendung „Tägliche Aufgaben" Ihres Mobiltelefons oder Laptops ein. Miniziele können sein: Nur EINMAL in dieser Woche Fisch essen und/oder heute einen

Milchjoghurt nehmen und ihn für den Rest der Woche vergessen.

Die Minitore werden den Weg zum Erfolg ebnen. Wenn Sie zum Rückfall neigen, kehren Sie zur Taste von Schritt 1 zurück und denken Sie daran, dass es keinen wirklichen Druck gibt. Behalten Sie in Ihren täglichen Aufgaben die zentrale Idee bei, dass: Miniziele erreichbar sind.

Schritt 3: Initiativen sind die eigentlichen Handlungen.

Die Realität ist, dass Sie alle Pläne in der Welt machen können, aber sie werden nicht ohne echte Anstrengung oder Maßnahmen zählen. Verwirklichen Sie die Miniziele, indem Sie sich „in Bewegung" halten. Stellen Sie sicher, dass Sie diese Erfolge überprüfen und nicht untätig bleiben. Die Miniziele und Initiativen sind die gleichen Ihre Aktionen werden zu Erfolgen, wenn Sie sie beenden.

Einige weitere Beispiele für Ziele und Initiativen, auf die reagiert werden muss, sind:

- Vermeiden Sie es, Eier auf die Einkaufsliste zu setzen oder durch den Bereich Molkerei zu gehen.

- Kochen Sie alle Eier in Ihrem Kühlschrank oder geben Sie sie den Nachbarn.

- Essen Sie zwei Wochen lang keine zweibeinigen Tiere.

- Entfernen Sie alle tierischen Produkte aus dem Kühlschrank

Gehen Sie daher mit dem Schlüssel des umsichtigen Handelns auf Initiativen um.

Schritt 4: Genießen Sie die Vielfalt der pflanzlichen Lebensmittel.

Mit der Praxis der richtigen Anpassung sind alle pflanzlichen Rezepte gesunde Mahlzeiten. Die meisten Zutaten sind sehr erschwinglich. Es gibt viele Teller, die Sie kochen oder bestellen können.

Sie werden sich auch nie langweilen wegen der vielfältigen Auswahl an Lebensmitteln, die diese Diät bietet. Sie können mehr Spaß daran haben, traditionelle Rezepte auf pflanzlicher Basis zuzubereiten. Sie könnten Hühnchen-Burger zu schwarzen Bohnen-Burgern machen. Mit karamellisierten Zwiebeln und Pesto können Sie eine Polentatorte oder eine Pizza zubereiten.

Die Möglichkeiten sind endlos und Sie wären motiviert, Ihre Ernährung beizubehalten. Sie wissen, dass der Schlüssel zur Freude an pflanzlicher Vielfalt für die Ernährungsdisziplin von entscheidender Bedeutung ist.

Schritt 5: Raum für eine gesunde Pause ist vorhanden.

Um den ersten Schritt, keinen Druck mehr zu haben,

noch weiter zu unterstützen, können Sie Platz für Snacks oder Cheats schaffen. Mit einer Pause können Sie immer noch gesunde Ernährungsgewohnheiten treffen.

Eine Möglichkeit für eine gesunde Pause besteht darin, Ihr Wochenende dem Thema „Schritt 4: Genießen Sie die Vielfalt der pflanzlichen Lebensmitteloptionen" zu widmen. Machen Sie ein Lebensmittelexperiment und bereiten Sie eine tierfreie Mahlzeit für die neue Diät vor. Haben Sie ein falsches Fleisch auf Ihrem Teller oder probieren Sie einen der in diesem Handbuch empfohlenen Milchersatzprodukte aus. Wenn Sie Ihre „Pausen" vollständig auf pflanzlicher Basis machen können, sind Sie auch mit den Schritten drei und vier fertig. Die Miniziele werden zu großen Zielen, die auch erreichbar sind.

Der Schlüssel, um Platz für eine gesunde Pause zu schaffen, ist die Aussage, dass Sie sich entspannen und gleichzeitig Ihre Ernährungsziele einhalten können.

Schritt 6: Verstärken Sie die nahrhafte Ernährung mit anderen gesunden Praktiken.

Obwohl die pflanzliche Ernährung Ihnen Zugang zu einem vollen Gesundheitspotential verschafft, können Sie sich nicht allein auf nahrhafte Ernährungsgewohnheiten verlassen. Sie müssen andere gesunde Praktiken mit der besten Diät handhaben. Die empfehlenswertesten Gesundheitspraktiken sind Meditation oder entspannende Aktivitäten und das Einbeziehen von Bewegung.

Meditation und entspannende Aktivitäten wie Tai Chi können Ihren Geist beruhigen. Sie wären in der Lage, mit einem anspruchsvollen Chef umzugehen oder Ihre geschäftige Familie besser zu versorgen, wenn Sie einen ruhigen Geisteszustand haben. Sie sollten sich 5 Minuten Zeit nehmen, um negative oder lästige

Gedanken auszuschließen und stattdessen zu meditieren. Priorisieren Sie die Anpassung von 10 Minuten schnellen Yoga-Positionen, um die körperliche und geistige Anspannung zu lösen. Sie werden froh sein, dass Sie diese gesunden Praktiken in Ihrem Zeitplan haben und glauben, dass Sie mit den richtigen Essgewohnheiten dazu getrieben werden, mehr zu tun.

Entsprechend kann die Entscheidung, zwei- bis dreimal pro Woche Sport zu treiben, Wunder für die allgemeine Gesundheit Ihres Körpers bewirken. Sie können jede Muskelgruppe oder jedes Körperteil ein- oder zweimal pro Woche trainieren. Sie können Ihren Arzt oder Personal Trainer nach den besten Trainingsmethoden für Ihr volles Gesundheitspotential fragen. Sie können jedoch sofort mit Übungen außerhalb des Fitnessstudios beginnen, z. B. ist es ein guter Anfang, 3 Sätze mit je 10 Kniebeugen zu Hause zu machen oder 20 Meter in Ihrem Nachbarschaftspark zu sprinten.

Kleine und kurze Übungen bereiten Ihren Körper auf den Tag vor. Sie werden sehen, wenn Sie richtig trainieren und essen, dass Sie sicherer mehr von diesen Übungen durchführen können. Daher sollte die Stärkung gesunder Praktiken ein Teil Ihres täglichen Zeitplans und ein wertvoller Teil Ihrer Zeit sein.

Schritt 7: Mehr Überprüfung und Bildung bedeutet mehr Motivation.

Lesen Sie diesen Leitfaden mehrmals durch, um Sie diszipliniert zu halten. Je mehr Sie lesen, desto mehr können Sie entdecken und neu entdecken. Schließen Sie sich auf Social-Media-Websites Ernährungsgruppen auf pflanzlicher Basis an. Schau dir Kochvideos an und folge Blogs über gesunde Ernährung. Sie sollten in diese fantastische Gesundheitswelt eintauchen, um sich zu ermutigen, Ihre Ernährungsziele langfristig zu halten. Wenn Sie nachlesen und mehr darüber erfahren, werden Sie feststellen, dass Ihre Ernährung Ihnen viele neue Möglichkeiten, Ideen und Zusammenhänge bietet. Sie werden auch Ihre Kollegen mit all dem Wissen über die Gesundheit beeindrucken, das Sie haben. Abschließend sollte Disziplin und ständige Ausbildung in der Ernährung zu einer aufregenden Praxis gemacht werden.

Schritt 8: Entscheiden Sie sich für eine pflanzliche Ernährung mit Freunden.

Der letzte Schlüssel zur Ernährungsdisziplin ist das Finden von Freunden, Angehörigen und Unterstützung, die Ihre Ernährungsziele zu 100 Prozent unterstützen können. Erzählen Sie ihnen die Gründe, warum die pflanzliche Ernährung für ihre Gesundheit von Vorteil ist, oder empfehlen Sie ihnen dieses Buch. Dann ermutigen Sie sie, mit Ihnen die gesunden Ernährungsgewohnheiten zusammenzunageln. Es könnte eine hervorragende Herausforderung sein, die Sie und Ihre Lieben gemeinsam haben könnten.

Wenn Sie jemanden zur Diät haben, werden Sie daran erinnert, gesünder zu essen und auch das Wohlbefinden zu überwachen. Es wird weniger Druck geben und Sie werden jemanden haben, dem Sie sich beim Rückfall anvertrauen können, und jemanden, der Sie daran erinnert, auf der Reise zu bleiben. Diese Person kann der „eine Freund, den Sie wirklich kennen" oder jemand sein, den Sie in Social-Media-Gruppen treffen. Am wichtigsten ist, dass es sich um jemanden handelt, der Sie unterstützen kann und umgekehrt. Der Schlüssel zur Aufnahme von Freundschaft in die Diätpraxis liegt in einem unterhaltsamen und hervorragenden Konzept.

Ein diszipliniertes Menü zu erstellen, kann sich schwierig anfühlen und schwierig sein. Unter Berücksichtigung dieser Schlüssel widmen Sie Ihre Zeit und Mühe Ihren Diät- und Ernährungszielen. Sie werden sicherer sein, den ultimativen Traum vom vollen Gesundheitspotenzial zu verwirklichen, als ihn zu verfehlen.

Die Umsetzung einer gesunden Essgewohnheit zu Hause erfordert mehr als nur zu wissen, was in die Küche getan werden muss oder welche Schlüssel zu einer disziplinierten Ernährung gehören. Es bedeutet, dass Sie bereit sind, ein Zuhause zu haben, das nahrhafte Essgewohnheiten praktiziert. Die Notizen, die Sie in diesem Kapitel gemacht haben, werden sehr nützlich sein, um ein glückliches Zuhause zu schaffen und zu dessen verbessertem Gesundheitszustand beizutragen.

Wichtige Erkenntnisse

- Die Umsetzung dieser Ernährung zu Hause sichert nahrhafte Essgewohnheiten.

- Auf Ihrer Einkaufsliste sollten Sie Prioritäten setzen:

    1. 2 Tassen Obst täglich

2. 2 1/2 Tassen Gemüse täglich

3. 5 Unzen Protein täglich

4. 6 Unzen Vollkornweizen täglich

5. Mit Vitamin B12 angereicherte Produkte

6. Milchaustauscher wie Mandeljoghurt und Kokosmilch

7. Produkte mit Omega-3-Fettsäuren wie Walnüsse und Rapsöl

- Ihre Küche sollte über hochwertige Geräte und Gadgets verfügen, die die Zubereitung pflanzlicher Rezepte vereinfachen. Diese Gegenstände sollten einen Mixer, scharfe und schwere Messer, einen elektrischen Schnellkochtopf, Schalen und eine Küchenmaschine beinhalten.

- Einige der richtigen Anpassungen an die pflanzliche Ernährung bedeuten, dass Sie genügend Protein haben und Fleisch ausscheiden. Beispiele für Proteinauswahl sind Tofu und gebackene Bohnen. Sie können Fleisch in Ihrem eigenen Tempo und mit einem realistischen Ziel wie einem 10-Tage-Plan ohne Huhn entfernen.

- Lesen Sie die Schlüssel zum Nageln einer disziplinierten Diät, um Ihre Ernährungsziele zu erreichen. Einige der wichtigsten Schlüssel sind: kein Druck auszuüben, Initiativen zu ergreifen, die Ernährungsgewohnheiten durch andere gesunde Praktiken zu stärken und unter anderem mit Freunden zu essen.

Kapitel 3: Ein Vorbild für die Ernährung werden

Wenn Sie die pflanzliche Ernährung beherrschen, werden Sie sofort zum Vorbild der Ernährung. Ihre Kollegen und Co-Diät-Entscheider können erwarten, dass Sie die Grundlagen für eine gute Gesundheit kennen. Ihre Familie sollte in der Lage sein, zu sehen, dass Sie Ihre Ernährung in Restaurants oder Cafés üben. Die Kinder in Ihrer Umgebung sollten in der Lage sein, Ihre nahrhaften Essgewohnheiten zu beobachten und nachzuahmen. Sie sollten auch wissen, dass einige pflanzliche Produkte Ihnen sogar dabei helfen können, Krankheiten zu vermeiden und Ihr Image zu verbessern. Dieses Kapitel ist der beste Ort, um zu verstehen, wie man mit dieser Diät ein genaues Ernährungsmodell wird.

Zugang zu den Vorteilen des Verständnisses von Ernährungsfakten

Pflanzenbasierte Ernährungsberater Basis treffen ihre Lebensmittelauswahl in der Regel auf der Grundlage ihres Wissens über die richtige Ernährung. Die Qualität der Gesundheit hängt stark von den Ernährungsgewohnheiten eines Menschen ab. Daher ist es immer sinnvoll, sich an die Grundlagen einer gesunden Ernährung zu erinnern. Das Verständnis der Elemente und Konzepte von Nährwertangaben ist nicht kompliziert. Sie sind auch schnell zu überprüfen, wenn Sie Ihre Einkaufspläne machen.

Body-Mass-Index

Um festzustellen, ob Sie fit sind, müssen Sie Ihren Body-Mass-Index (BMI) kennen. Der BMI identifiziert das Körperfett, das Sie tragen, anhand

Ihrer Größe und Ihres Gewichts. Es kann auch bedeuten, dass Sie für irgendwelche Krankheiten gefährdet sind. Ihr BMI validiert Adipositas- oder Untergewichtsbedingungen und wird nach den folgenden Berechnungen kategorisiert:

Untergewicht - Unter 18,5

Normal – 18,5-24,9

Übergewicht – 25,0-29,9

Adipositas – 30,0 und höher

Ihr Arzt, Ernährungsberater oder Personal Trainer wird der beste Fachmann sein, der Ihnen helfen kann, die richtigen pflanzlichen Anpassungen für einen gesunden BMI vorzunehmen. Sie können sich auch an die Vorschläge in diesem Buch erinnern.

Kalorien

Kalorien sind die Energiequellen des Körpers. Sie arbeiten eng mit Kohlenhydraten, Eiweiß und Fett zusammen. Sie produzieren auch Proteine und Aminosäuren über den Stoffwechsel des Körpers. Es sollte beachtet werden, dass der Körper Kalorien verbrennt, um die Gesundheit auszugleichen. Der Körper braucht Kalorien für Energie, aber eine zu hohe Kalorienaufnahme kann zu Übergewicht und letztendlich zu Krankheiten führen. Sie sollten Ihre durchschnittliche Kalorienaufnahme kennen, um Ihre gesundheitlichen Bedürfnisse zu erfüllen. Die richtige Kalorienmenge wird nach Geschlecht, Alter und körperlicher Aktivität bestimmt.

Es wird empfohlen, bei der Bewertung Ihrer körperlichen Aktivitäten alles zu tun. Körperliche Aktivitäten sind wichtige Überlegungen, da sie genau das sind, wofür Sie Ihre Energie verwenden und auch Ihren Fitnessstatus beeinflussen. Es gibt drei Arten von körperlicher Aktivität:

1. Sesshaft

2. Mäßig aktiv

3. Aktiv

Sitzende Aktivitäten umfassen leichte körperliche Aktivität oder Energie, die für einfache tägliche Aufgaben benötigt wird.

Mäßig aktiv zu sein bedeutet, dass Sie Aktivitäten ausführen, die dem täglichen Gehen von 1,5 bis 3 Meilen mit 3 bis 4 Meilen pro Stunde entsprechen, und einfache tägliche Aufgaben erledigen. Aktiv zu sein bedeutet 3 Meilen pro Tag bei 3 bis 4 Meilen pro Stunde, zusammen mit einfachen täglichen Aufgaben. Zelman, MPH, RD, LD (2008) von WebMD bestimmte die Standardkalorienaufnahme für die Öffentlichkeit. Hier sind die Richtlinien für eine tägliche Ernährung:

Geschlecht	Alter	Sesshaft	Mäßig aktiv	Aktiv
Weiblich	19-30	2.000	2.000-2.200	2.400
	31-50+	1.800	2.000	2.200

Männlich	19-30	2.400	2.600-2.800	3.000
	31-50+	2.200	2.400-2.600	2.800-3.000

Während Sie pflanzliche Lebensmittel kaufen und herstellen, können Sie jetzt die Nährwertkennzeichnungen überprüfen und sehen, ob Sie Ihren Kalorienbedarf decken.

Kohlenhydrate

Kohlenhydrate arbeiten mit Kalorien, um Energie bereitzustellen. Das US-Landwirtschaftsministerium (USDA) (2010) stellte fest, dass 45-65% der Kalorien auf Kohlenhydrate entfallen. Darüber hinaus werden Kohlenhydrate zu Glukose abgebaut, der primären Energiequelle des Körpers.

Teilkörner und Zucker bilden raffinierte Kohlenhydrate. Raffinierte Kohlenhydrate sind für den Körper nicht ratsam, da sie die Gesundheit des Körpers schädigen. Aber Gesundheitsexperten betonen, dass Kohlenhydrate für das volle Gesundheitspotential notwendig sind. Daher ist es ratsam, einige Süßigkeiten zu vermeiden.

Während eine kohlenhydratarme Ernährung dem Einzelnen helfen kann, die zur Gewichtsreduktion bestimmten Ernährungsziele zu erreichen, können Sie mit dem pflanzlichen Ernährungsplan die richtigen Kohlenhydrate zu sich nehmen und sich auf Vollkornprodukte, Obst und Gemüse konzentrieren. Ungefähr 45-65 Prozent der Kalorien entsprechen ungefähr 225-325 Gramm Kohlenhydraten für eine tägliche Diät mit 2.000 Kalorien (Mayo Clinic Staff 2014).

Zucker

Zucker sind eine Art von Kohlenhydraten. Sie helfen, Energie und Vitamin A durch die Verdauung bereitzustellen. Sie verleihen dem Essen Geschmack und Konsistenz. Zu viel Zucker führt jedoch zu Krankheiten.

Angehörige der Gesundheitsberufe weisen darauf hin, dass Zucker als Kohlenhydrate angesehen werden sollten. Kohlenhydrate sollten mehr als die Hälfte der Energieaufnahme der Nahrung ausmachen. Darüber hinaus schlägt die American Heart Association vor, die Menge des zugesetzten Zuckers auf die folgenden Mengen zu beschränken:

- Männer: 150 Kalorien der Gesamtmenge Ihres täglichen Kalorienbedarfs von etwa 9 Teelöffeln oder 37,5 Gramm täglich.

- Frauen: 100 Kalorien der Gesamtmenge Ihres täglichen Kalorienbedarfs, etwa 6 Teelöffel oder 25 Gramm täglich.

Darüber hinaus ist es wichtig, zwischen natürlichen Zuckern, die in Gemüse und Obst vorkommen, und zugesetzten Zuckern, die Lebensmitteln zugesetzt werden, zu unterscheiden, üblicherweise normalem Haushaltszucker. Zugesetzte Zucker werden in Lebensmitteletiketten häufig als Maissirup mit hohem Fructosegehalt oder Saccharose angegeben. Sie sollten Zuckerzusätze so weit wie möglich vermeiden.

Der natürliche Zucker in Gemüse und Obst, der im Mittelpunkt einer pflanzlichen Ernährung steht, ist vollkommen in Ordnung. Abgesehen von Bio-Zucker enthalten diese gesunden Lebensmittel Ballaststoffe, Wasser und verschiedene Mikronährstoffe.

Protein

Diese Zellkomponente ist für die Reparatur und den Aufbau von Geweben im Körper verantwortlich. Eiweiß aus pflanzlichen und tierischen

Nahrungsquellen wird verdaut und im Magen zu Eiweißbausteinen, den sogenannten Aminosäuren, abgebaut. Das menschliche System nutzt diese Aminosäuren dann, um Ihren Körper aufzubauen und zu reparieren. Neun der 20 Aminosäuren, die Ihr Körper benötigt, die als essentielle Aminosäuren bekannt sind, werden vom Körper nicht synthetisiert, daher müssen Sie sie über die Nahrung aufnehmen.

Diese 9 essentiellen Aminosäuren sind:

1. Valentinstag
2. Tryptophan
3. Threonin
4. Phenylalanin
5. Methionin
6. Lysin
7. Leucin
8. Isoleucin

9. Histidin

Etwa 10-35 Prozent Ihrer täglichen Kalorienzufuhr sollten aus magerem Protein stammen. Da Sie tierisches Protein in einer pflanzlichen Ernährung einschränken oder vermeiden, können Sie es aus diesen zufriedenstellenden pflanzlichen Quellen beziehen:

- Mandeln
- Amaranth
- Artischocken
- Spargel
- Schwarzaugen-Erbsen
- Schwarze Bohnen
- Brokkoli
- Chiasamen
- Kichererbsen

- Edamame
- Grüne Bohnen
- Grüne Erbsen
- Hanfmilch
- Hanfsamen
- Linsen
- Nährstoffhefe
- Haferflocken
- Erdnussbutter
- Kürbiskerne
- Quinoa
- Sojamilch
- Spinat
- Spirulina
- Tahini

- Tempeh

- Tofu

Fett

Ähnlich wie Kohlenhydrate wurde Fett als fettarm und ungesund dämonisiert. Es gibt jedoch einen deutlichen Unterschied zwischen Nahrungsfett und Körperfett.

Nahrungsfette sind essentielle Nährstoffe, die den Körper mit Energie versorgen, die Organe vor Schäden schützen und die Aufnahme bestimmter fettlöslicher Vitamine, einschließlich der Vitamine D, A, K und E, fördern.

Vermeiden Sie Transfette, die in Backfetten, Backwaren und verarbeiteten Lebensmitteln vorkommen. Sie sind als „schlechtes Fett" bekannt und erhöhen das Risiko, an Herzerkrankungen zu erkranken.

Ungesättigtes Fett oder sogenanntes „gutes Fett" beugt Herzerkrankungen vor und schützt sogar das Herz. Nussbutter, Leinsamen, Olivenöl, Avocados und Nüsse sind ausgezeichnete Quellen für gesundes Fett in einer Diät auf pflanzlicher Basis.

Omega-3-Fettsäuren und andere mehrfach ungesättigte Fettsäuren sind ebenfalls für das reibungslose Funktionieren des Körpers unerlässlich. Im Gegensatz zu anderen Fettsäuren kann der Körper diese jedoch nicht synthetisieren. Walnüsse, Leinsamen und Chiasamen sind nur einige der besten Quellen pflanzlicher Omega-3-Fettsäuren.

Etwa 20-35 Prozent Ihrer täglichen Einnahme sollten aus gesundem Nahrungsfett stammen.

Vitamine

Es gibt viele verschiedene Arten von Vitaminen, und jedes hat seine spezifische Rolle und Funktion im Körper, und sie sind ebenso wichtig, um eine optimale Gesundheit zu erhalten. Männer und Frauen haben winzige Unterschiede in der Menge der Vitamine, die der Körper speziell benötigt. Im Allgemeinen benötigt der Körper jedoch die folgenden essentiellen Vitamine:

- Vitamin A
- Vitamin C
- Vitamin D
- Vitamin E
- Vitamin K
- B-Vitamine

Eine pflanzliche Ernährung stellt sicher, dass Sie Ihren täglichen Bedarf an wichtigen Vitaminen decken, da Ihre Mahlzeiten aus viel Gemüse und Mineralien bestehen.

Mineralien

Ähnlich wie Vitamine sind Mineralien lebenswichtig für die Aufrechterhaltung der richtigen Funktion des Körpers, jede Art hat ihre spezifische Rolle, und die Bedürfnisse des Körpers umfassen die folgenden:

- Natrium - erhält das Flüssigkeitsvolumen außerhalb der Zellen und hilft ihnen, richtig zu funktionieren. Gesundheitsexperten empfehlen, die tägliche Natriumzufuhr auf unter 2.400 Milligramm pro Tag zu begrenzen.

- Kalium - erhält die Flüssigkeit außerhalb und innerhalb der Zelle und verhindert den übermäßigen Anstieg des Blutdrucks, wenn Sie hohe Mengen an Natrium einnehmen. Tomaten, Kartoffeln und Bananen sind reich an Kalium.

- Kalzium - hilft beim Aufbau und Erhalt starker Zähne und Knochen. Mandelmilch und Käse sind große Kalziumquellen.

Da Sie jedoch tierische Produkte einschränken oder vermeiden, können Sie Ihren täglichen Bedarf an Kalzium aus den folgenden Quellen beziehen:

- Mandelkern und Butter
- Mandeln
- Bok Choy
- Brokkoli
- Chiasamen
- Getrocknete Feigen
- Grünkohl
- Grünkohl
- Leinsaat

- Senfgrün
- Marinebohnen
- Okra
- Pak Choi
- Reismilch
- Sojamilch
- Soja-Joghurt
- Sojabohnen
- Frühlingsgrün
- Tahini
- Tempeh
- Tofu
- Rübengrün

Andere wichtige Mineralien sind Eisen, Chlorid, Magnesium, Phosphor und andere Spurenelemente.

Wasser

Viele von uns übersehen die Bedeutung eines richtig hydratisierten Körpers. Unsere Körpermasse besteht zu 55-75 Prozent aus Wasser. Schon wenige Tage ohne Wasser können gesundheitsschädlich sein. Es ist die Kernkomponente jeder Zelle im Körper.

Wasser erhält die Homöostase des Körpers aufrecht, transportiert Nährstoffe zu den Zellen, reguliert die Körpertemperatur, unterstützt die Verdauung der Nahrung und hilft, Abfallprodukte aus dem Körper zu entfernen.

- Erwachsene sollten zwischen 25 und 35 Milliliter Flüssigkeit pro 1 Kilogramm Körpergewicht trinken, was etwa 2-3 Liter Flüssigkeit täglich oder 8 bis 12 Gläser Wasser ergibt.

Wenn Sie nicht genügend Flüssigkeit bekommen, können Sie unter Müdigkeit, Schwindel, trockener

Haut, schneller Herzfrequenz und sogar dem Tod leiden.

Abgesehen vom Trinkwasser können Sie Ihren Körper ausreichend mit Wasser versorgen, indem Sie Lebensmittel mit hohem Wassergehalt wie Gemüse und Obst konsumieren.

Es scheint, als würde es viel Mühe kosten, all diese Makronährstoffe und Mikronährstoffe in Ihre Ernährung zu integrieren. Glücklicherweise ist es einfacher, als es scheint, Ihre tägliche Nährstoffzufuhr zu erhalten. Es ist nicht notwendig, einen bestimmten Leitfaden oder eine bestimmte Liste für eine gesunde Ernährung sorgfältig zu befolgen, es sei denn, Sie haben eine eingeschränkte Ernährung oder Sie haben eine Bedingung, die Sie dazu zwingt, eine strenge Richtlinie zu entwickeln. Sie müssen nur einer Diät in Vollwertkost folgen, die reich an Vollkorn, Gemüse und Obst ist. Mit einer pflanzlichen Ernährung können Sie zu jeder Mahlzeit eine herzhafte Menge aller essentiellen Nährstoffe zu sich nehmen. Eine gesunde Ernährung ist nährstoffreich und kann Ihrem Körper mit jeder Portion konzentrierte Mengen an Mikronährstoffen liefern.

Kapitel 4: Beginnen Sie den Tag mit einem pflanzlichen Frühstück.

Sie sollten jeden Morgen mit einem leckeren und nahrhaften Frühstück auf pflanzlicher Basis beginnen. Dieses Frühstück gibt Ihnen die Energie, alles zu tun, was Sie brauchen, und beginnt den Tag mit einem herrlichen Gefühl.

Hafer zur Liebe

Vorbereitungszeit: *1* Minute

Kochzeit: *5* Minuten

Portionen: *2*

Zutaten:

- 1 Tasse Haferflocken
- 1 Tasse Heidelbeeren, gefroren oder frisch
- 1 3/4 Tassen Wasser
- 2 Esslöffel Chiasamen

- 2 Tassen Mandelmilch, ODER Ihre Wunschmilch.

- Agavennektar, nach Belieben

Zubereitung:

1. Auf einem Herd das Wasser in einem Topf kochen.

2. Die Haferflocken hinzufügen und weiterkochen lassen. Dann die Samen hineinlegen.

3. 2-3 Minuten kochen lassen. Senken Sie die Hitze und rühren Sie bei Bedarf.

4. Nehmen Sie zwei Schalen. Geben Sie eine halbe Tasse

Heidelbeeren in jede von ihnen. Die gekochten Haferflocken über die Früchte gießen.

5. Die Haferflocken umrühren und dann die milchfreie Milch hinzufügen. Die Agave nach Belieben hinzufügen. Warm servieren.

Kalorien: **819** kcal

Kohlenhydrate insgesamt:**58,5** g

Zucker:**15,6** g

Fett insgesamt:**64,6** g

Protein:**14,4** g

Natrium:**43** mg

Granola Energizer

Vorbereitungszeit: **5** Minuten

Kochzeit: **20** Minuten

Portionen: 6

Zutaten:

- 2 Tassen Hafer
- 1 Tasse Nüsse, sollten roh und ungesalzen sein.

- 1 Tasse getrocknete Rosinen

- 1 Tasse getrocknete Kokosflocken

- 1/2 Tasse blanchierte Mandeln

- 1/2 Tasse Pepitas oder Kürbiskerne

- 1/3 Tasse Ahornsirup

- 1 Teelöffel Zimt

- 1 Teelöffel Ingwerpulver

- 1 Teelöffel Garam Masala

- 1 Teelöffel grobes keltisches Meersalz

Zubereitung:

1. Den Ofen auf 350F vorheizen.

2. Holen Sie sich antihaftbeschichtetes Pergamentpapier und legen Sie damit ein Backblech aus. Beiseite stellen.

3. In einer großen Rührschüssel die getrockneten Zutaten, Nüsse und Gewürze hineingeben. Dann umrühren und mischen.

4. Den Rest der Zutaten hineingeben und gut umrühren. Sie können Ihre Hände benutzen.

5. Nehmen Sie das Backblech und verteilen Sie die Masse gleichmäßig darauf. In den Ofen stellen und 15 Minuten lang backen.

6. Das Granola vermischen und dann erneut gleichmäßig verteilen. Weitere 10 Minuten backen. Es sollte braun werden.

7. Rosinen und Kokosraspeln dazugeben. Zum Abkühlen leicht umrühren. Mehr Kühlung erzeugt eine harte Textur. Dann ist es praktisch servierfertig.

Kalorien: **471** kcal

Kohlenhydrate insgesamt:**64** g

Zucker:**29** g

Fett insgesamt:**20** g

Protein:**10** g

Natrium:**294** mg

Die Pfannkuchenlösung

Vorbereitungszeit: *5* Minuten

Kochzeit: *20* Minuten

Portionen: *4*

Zutaten:

- 1 Tasse Buchweizenmehl

- 1 Tasse Mandelmilch, ungesüßt

- 1 reife Banane, zerdrückt

- 1 Esslöffel gemahlener Flachs

- 1 Esslöffel Agavennektar

- 1 Teelöffel Backpulver

- 1 Teelöffel Backpulver

- 1/8 Teelöffel rosa Himalaya-Salz

- Kokosöl

- Bananenscheiben, roher Honig, geröstete Mandeln

Zubereitung:

1. Eine große Schüssel nehmen. Mehl, Backpulver und Soda, gemahlenen Flachs und Salz dazugeben. Die Zutaten mischen.

2. Geben Sie die zerdrückte Banane, die Milch und den Agavendicksaft hinein. Zum Trocknen der Zutaten mischen. Der

Teig wird flüssig und dick.

3. Holen Sie sich eine gusseiserne Pfanne und fetten Sie sie mit dem Kokosöl ein. Erwärmen Sie es bei überdurchschnittlicher Temperatur.

4. 1/4 des Teigs in die Pfanne geben und 2 Minuten kochen lassen. Es erscheinen kleine Blasen. Die Pfannkuchen umdrehen und 2 Minuten weiterkochen.

5. Auf einen Teller legen und mit einem Handtuch abdecken. Dadurch wird es warm gehalten.

6. Wiederholen Sie dies für alle weiteren Pfannkuchen. Dann mit den Bananenscheiben, Honig und Mandeln bestreuen.

Kalorien: **465** kcal

Kohlenhydrate insgesamt:**65,2** g

Zucker:**20** g

Fett insgesamt:**19,8** g

Protein:**14,7** g

Natrium:**437** mg

Der Energiebrei

Vorbereitungszeit: **5** Minuten

Kochzeit: **25** Minuten

Portionen: **2**

Zutaten:

- 1/2 Tasse Quinoa
- 1 Tasse Hafer
- 2 1/4 Tassen Wasser
- 2 Äpfel, die geschält, entkernt und grob gewürfelt werden müssen.
- 2 Esslöffel Kokosjoghurt
- 1 Esslöffel Kokosnuss-Chip oder getrocknete Kokosnuss

- 3 1/2 Unzen frische Kirschen

- Eine Handvoll frischer Himbeeren.

- Eine Prise gemischter Zimt, Muskatnuss und Ingwer.

- Eine Prise extra Zimt.

- Eine Prise extra frisch geriebene Muskatnuss.

Zubereitung:

1. In einer Pfanne Quinoa, Hafer und gemischtes Gewürz geben. 2 Tassen Wasser hinzufügen. Bei schwacher Hitze kochen lassen. Auf kleiner Flamme setzen und dann 10 Minuten kochen lassen. Gegebenenfalls Wasser hinzufügen.

2. Stellen Sie ein Apfelkompott her, indem Sie die Äpfel in eine Pfanne geben. Bedecken Sie es mit einer ¼ Tasse Wasser, einer Prise Zimt und einer Prise Muskatnuss. Kochen, bis es zart ist. Dies sollte 10 Minuten dauern. Abgießen und in eine Küchenmaschine geben. Verarbeiten Sie sie es, bis eine glatte Masse entsteht. Dann beiseite legen.

3. Den Brei in zwei Schalen teilen. Belegen Sie sie mit einem großen Löffel Apfelkompott. Die anderen Früchte und den Kokosjoghurt dazugeben. Verwenden Sie die Kokosnuss-Chips als zusätzliche Beilage. Warm servieren.

Kalorien: **260** kcal

Kohlenhydrate insgesamt:**51** g

Zucker: *17* g

Fett insgesamt: *3* g

Protein: *11* g

Natrium: *55* mg

Beginnen Sie den Tag mit Salat.

Vorbereitungszeit: **20** Minuten

Kochzeit: **20** Minuten

Portionen: **4**

Zutaten:

Für den Salat:

- 1 Packung Salatgrün mit Kräutermischung ca. 5 Unzen.

- 2 Tassen geschnittene Erdbeeren

- 1/2 Tasse Mandeln, gesplittet

- 1/2 Tassen Pepitas, gesalzen und geröstet

- 1/4 Tasse Kokosnuss-Speck

- Grobes Salz und schwarzer Pfeffer für den

Geschmack

Für den Kokosspeck:

- 1 1/2 Tassen ungesüßte Kokosflocken
- 1 Esslöffel Sojasauce
- 1 Esslöffel reiner Ahornsirup
- 1 1/2 Teelöffel Flüssigrauch
- 1 1/2 Teelöffel Wasser
- 1/2 Teelöffel geräucherte Paprika
- 1/2 Teelöffel frisch gemahlener schwarzer Pfeffer

Für die schwarze Pfeffer-Vinaigrette:

- 3/4 Teelöffel frisch gemahlener schwarzer Pfeffer
- 1/3 Tasse Rotweinessig

- 2/3 Tasse Rapsöl

- 1 Teelöffel Kristallzucker

- 1/2 Teelöffel gehackter Knoblauch

- 1/4 Teelöffel Salz

Zubereitung:

1. Bereiten Sie zuerst den Kokosspeck zu, indem Sie die Schritte 2 bis 4 ausführen.

2. Den Backofen auf 325 F vorheizen. Zentrieren Sie den Backrost.

3. Sojasauce, Sirup, Flüssigrauch und Wasser in einer mittelgroßen Schüssel verrühren. Die Kokosnuss hineingeben. Rühren Sie, bis die Flüssigkeit aufgenommen ist. Auf die Oberseite Paprika und schwarzen Pfeffer streuen. Umrühren, um eine gute Mischung zu

erzielen.

4. Holen Sie sich ein großes, umrandetes Backblech und legen Sie es mit Pergamentpapier aus. Verteilen Sie die Kokosraspeln, um eine Schicht zu bilden. Achten Sie darauf, dass die Flocken gleichmäßig verteilt werden. Dann backen, bis sie dunkelbraun sind. Dies sollte mindestens 10 Minuten dauern.

5. Als nächstes die schwarze Vinaigrette herstellen. Die Zutaten (außer dem Öl) in einer kleinen Schüssel mischen. Verquirlen Sie sie gut. Langsam einen Tropfen Rapsöl hinzufügen und während des Rührens mischen.

6. Jetzt den Salat verfeinern. Die Mischung in eine große Schüssel geben und dann

mit Salz und schwarzem Pfeffer bestreuen. Alles vermengen, bis eine gute Mischung entstanden ist. Erdbeeren, Pepitas, Mandeln und Kokosspeck dazugeben. Besprühen Sie Ihre Portionen mit dem Dressing.

Hinweis: Der Speck kann leicht verbrennen. Er sollte zusammengeschrumpft aussehen.

Kalorien: *591* kcal

Kohlenhydrate insgesamt:*14* g

Zucker:*2* g

Fett insgesamt:*8* g

Eiweiß:*55* g

Natrium:*145* mg

Reichhaltiger Reispudding

Vorbereitungszeit: **5** Minuten

Kochzeit: **10-15** Minuten

Portionen: **2**

Zutaten:

- 1 Tasse Kokosmilch (ca. 1/2 Dose)
- 1 Tasse gekochter weißer oder brauner Reis
- 1 Esslöffel Ahornsirup oder Agave
- Eine Messerspitze Zimt

Zubereitung:

1. Die Kokosmilch in einen kleinen Topf geben und bei mittlerer bis hoher Hitze

köcheln lassen.

2. Den Ahornsirup dazugeben und unter Rühren verrühren.

3. Den Reis dazugeben und umrühren, bis die Masse gleichmäßig verteilt ist.

4. Die Mischung 5 Minuten lang köcheln lassen oder bis die Flüssigkeit reduziert und die Mischung dickflüssig ist.

5. Die Mischung auf 2 Servierschalen verteilen. Die Oberseite mit Zimt bestreuen und servieren.

Kalorien: **640** kcal

Kohlenhydrate insgesamt:**87,4** g

Zucker:**10,1** g

Fett insgesamt:**29,2** g

Protein:**9,4** g

Natrium:*24mg*

Fröhlich Muffins essen.

Vorbereitungszeit: **5** Minuten

Backzeit: **25-30** Minuten

Portionen: **12**

Zutaten:

- 3/4 Tasse Sojamilch
- 2 Teelöffel Backpulver
- 1/4 Tasse Öl
- 1/2 Tasse Zucker
- 1 Teelöffel Salz
- 1 Tasse gefrorene Heidelbeeren
- 1 1/2 Tassen Mehl

Zubereitung:

1. Backpulver, Mehl, Salz und Zucker in eine Rührschüssel geben und gut verrühren.

2. Sojamilch und Öl unterrühren, bis sie gut eingearbeitet sind. Die Heidelbeeren vorsichtig unter die Teigmasse heben.

3. Bereiten Sie eine 12-Tassen-Muffinpfanne mit Pappbechern vor. Den Teig auf die Muffinbecher verteilen.

4. Im vorgeheizten Ofen mit 400F ca. 25 bis 30 Minuten backen oder bis die Muffins durch sind.

Kalorien: *144* kcal

Kohlenhydrate insgesamt:*23,4* g

Zucker:*10,2* g

Fett insgesamt:*5* g

Protein:**2,2** g

Natrium:**203** mg

Schnelles Quinoa für einen geschäftigen Tag

Vorbereitungszeit: **5** Minuten

Kochzeit: **15** Minuten

Portionen: **1-2**

Zutaten:

- 3/4 Tassen ungekochter Quinoa

- 3 Walnüsse, gehackt

- 2 1/4 Tassen Mandelmilch, geteilt

- 1 Esslöffel Ahornsirup

- 1 Esslöffel getrocknete Preiselbeeren

- 1 Esslöffel Mandelbutter

- 1 Persimone, gehackt

Zubereitung:

1. 2 Tassen der Mandelmilch in einen Topf geben und bei starker Hitze zum Kochen bringen.

2. Wenn die Milch kocht, fügen Sie den Quinoa hinzu und reduzieren Sie die Temperatur auf mittlere Hitze oder die Mischung auf Köcheln. Zugedeckt ca. 15 Minuten köcheln lassen oder bist der Quinoa die Milch aufnimmt.

3. Den Topf vom Herd nehmen. Die restliche 1/4 Tasse Mandelmilch und die Mandelbutter dazugeben. Verrühren, bis alles gut vermengt ist.

4. Die Mischung in die Servierschale geben.

5. Fügen Sie die restlichen Zutaten hinzu.

Servieren und genießen!

Kalorien: **985** kcal

Kohlenhydrate insgesamt:**69,2** g

Zucker:**15,5** g

Fett insgesamt:**76.3g**

Protein:**18,4** g

Natrium:**46** mg

Eine köstliche Kichererbsen-Omelettplatte

Vorbereitungszeit: **10** Minuten

Kochzeit: **20** Minuten

Portionen: **3 Stück** (je 6 Zoll) Omeletts

Zutaten:

- 1 Tasse Kichererbsenmehl
- 1/2 Teelöffel Backpulver
- 1/2 Teelöffel Knoblauchpulver
- 1/2 Teelöffel Zwiebelpulver
- 1/3 Tasse Nährstoffhefe
- 1/4 Teelöffel schwarzer Pfeffer
- 1/4 Teelöffel weißer Pfeffer

- 1 Tasse Wasser

- 3 grüne Zwiebeln (grüne und weiße Teile), gehackt

- 4 Unzen Champignons, sautiert, optional

Zubereitung:

1. Kichererbsenmehl, Natron, Nährhefe, schwarzen Pfeffer, weißen Pfeffer, Knoblauchpulver und Zwiebelpulver in eine kleine Schüssel geben und gut verrühren.

2. Das Wasser in die Mehlmischung gießen und umrühren, bis die Mischung ein glatter Teig ist.

3. Eine Bratpfanne bei mittlerer Hitze oder Hitze erwärmen. Wenn die Pfanne heiß ist, gießen Sie den Teig in die Pfanne, als

ob Sie einen Pfannkuchen machen würden. Jedes Omelett mit 1-2 Esslöffeln grünen Zwiebeln und bei Bedarf mit sautierten Pilzen bestreuen.

4. Wenn der Boden der Omeletts gebräunt ist, umdrehen und 1 Minute länger oder bis zum Durchkochen garen.

5. Mit Spinat, Salsa, Tomaten, scharfer Sauce oder einer beliebigen pflanzlichen Beilage servieren.

Kalorien: *316* kcal

Kohlenhydrate insgesamt:*51* g

Zucker:*7,7g*

Fett insgesamt:*5,1g*

Protein:*21,5g*

Natrium:*243mg*

Fabelhafte Fruchttorte

Vorbereitungszeit: **2** Stunden, **30** Minuten

Kochzeit: **0** Minuten

Portionen: **6**

Zutaten:

Für die Kruste:

- 2 Tassen rohe Walnüsse, ODER Mandeln, Pekannüsse oder Ihre bevorzugte Nuss.

- 7-12 Medjool-Datteln, entsteint (wenn nicht feucht und klebrig, 10 Minuten in warmem Wasser einweichen und abtropfen lassen.

- 1/4 Teelöffel Meersalz, optional

Für die Füllung:

- 1 1/2 Tassen gemischtes frisches Obst, geteilt (Erdbeeren, Heidelbeeren, Mango, Kiwi oder Ihre bevorzugten Früchte)
- 1/2 Teelöffel Vanilleextrakt
- 1/4 Tasse Ahornsirup, ODER Agavennektar
- 12 Unzen fester seidener Tofu, trocken getupft und sanft in ein sauberes Handtuch gepresst für mindestens 15 Minuten - 1 Stunde.
- 2 Esslöffel Zitronensaft, aus 1 Zitrone

Zubereitung:

1. Den Tofu abtropfen lassen oder pressen.
2. In der Zwischenzeit die Kruste

vorbereiten. Die Walnuss in eine Küchenmaschine geben. Pulsieren Sie zur Verarbeitung, bis es einer halbfertigen Mahlzeit ähnelt.

3. Wenn der Motor der Küchenmaschine läuft, fügen Sie die Daten jeweils 1 Stück durch den Einguss hinzu, bis die Mischung einem Teig ähnelt. Der Teig sollte seine Form behalten, wenn man ihn zwischen 2 Fingern drückt. Dies wird etwa 7 bis 12 Datteln dauern, je nach Größe.

4. Bereiten Sie eine Standard-Torten- oder Tortenpfanne oder ein paar 4 3/4-Zoll-Tortenpfannen mit Pergamentpapier vor. Den Krustenteig auf die Pfannen verteilen und in die Pfanne drücken, um einen gleichmäßigen Teig zu erhalten. Sie

können ein weiteres Pergamentpapier auf die Kruste legen und dann mit einem Glas glätten und die Kruste fest an ihren Platz drücken. Im Gefrierschrank bis zur Abkühlung stehen lassen.

5. Den abgetropften Tofu, Süßstoff, Vanille und Zitronensaft in einen Mixer geben. Verarbeiten, bis die Mischung glatt und cremig ist. Schaben Sie die Kanten nach Bedarf ab.

6. Wenn die Kruste gekühlt ist, geben Sie die Füllmischung in die Kruste. Mindestens 2 Stunden, bis zu 4 Stunden kalt stellen.

7. Nach dem Servieren mit Obst und auf Wunsch mit Kokosnussschlagsahne servieren.

8. Bewahren Sie alle Reste bis zu einigen

Tagen im Kühlschrank auf oder frieren Sie sie für eine langfristige Lagerung ein.

Kalorien: *375* kcal

Kohlenhydrate insgesamt:*27* g

Zucker:*19* g

Fett insgesamt:*26* g

Protein:*14,5* g

Natrium:*119* mg

Kapitel 5: Liebevolle Paketlösungen als Mittagsessen

Das Mittagessen ist die geselligste Mahlzeit des Tages. Sie können Ihre pflanzlichen Mahlzeiten Ihren Kollegen und Freunden vorführen. Sie werden sehen, dass Ihre nahrhaften Essgewohnheiten auch für die Augen und die Geschmacksknospen sehr angenehm sind.

Die begehrteste Chili-Schale

Vorbereitungszeit: *10* Minuten

Kochzeit: **45** Minuten

Portionen: 6

Zutaten:

- 1 rote Paprika, gewürfelt

- 3/4 Tasse trockene rote Linsen, gut in kaltem Wasser gespült und dann abgetropft

- 1 3/4 Tasse Wasser, mehr nach Bedarf

- 1 weiße oder gelbe Zwiebel, gewürfelt

- 1 Jalapeño, gewürfelt mit Samen

- 3 Esslöffel Tomatenmark

- 4 Knoblauchzehen

- 3 Esslöffel Chilipulver, geteilt

- 2 Esslöffel gemahlener Kreuzkümmel, geteilt
- 2 Esslöffel Traubenkern- oder Kokosöl
- 1 Teelöffel geräucherte Paprika
- Jeweils 1/2 Teelöffel Meersalz und schwarzer Pfeffer, geteilt (zusätzliche nach Belieben)
- 2 Dosen (15 Unzen) Tomatenwürfel (bei ungesalzener Zubereitung mehr Meersalz hinzufügen)
- 1 Dose (15 Unzen) Kidneybohnen, leicht abgetropft
- 1 Dose 15 Unzen) schwarze Bohnen, leicht abgetropft
- 1-2 Esslöffel Kokoszucker, ODER Ahornsirup

- 1 Dose (15 Unzen) Mais, entwässert, optional

Zubereitung:

1. Bei mittlerer Flamme oder Hitze einen großen Topf erhitzen. Wenn er heiß ist, das Öl, den roten Pfeffer und die Zwiebel hineingeben. Mit Salz und schwarzem Pfeffer würzen und umrühren. 4 Minuten lang gut weiter umrühren.

2. Holen Sie sich ein Pistill und einen Mörser. Jalapeno und Knoblauch dazugeben. Zerdrücken, bis eine grobe Paste entsteht. Nehmen Sie sich die Zwiebel und die rote Paprika und legen Sie sie in den großen Topf. Wieder mit Salz und schwarzem Pfeffer würzen.

3. In 2 Esslöffel Chilipulver, 1 Esslöffel

Kreuzkümmel, Tomatenwürfel, Tomatenmark, Paprika und Wasser geben. Rühren und gut vermischen. Kochen Sie es bei mittlerer Flamme oder niedriger Hitze.

4. Wenn es kocht, geben Sie die Linsen hinein und reduzieren Sie dann die Hitze mittel-niedrig, wodurch ein sanftes Köcheln entsteht. Sie sollten Blasen sehen, aber es sollte kein Kochen mehr geben. 15 Minuten köcheln lassen, damit das Chili zart wird. Wasser hinzufügen, wenn es trocken aussieht und die Linsen nicht mehr bedeckt sind.

5. Die Nieren und schwarzen Bohnen, je 1/4 von jedem Salz und schwarzem Pfeffer sowie den Rest des Kreuzkümmel- und

Chilipulvers hinzufügen. Umrühren, um eine gute Mischung zu erhalten.

6. Bei mittlerer Flamme oder Hitze köcheln lassen, dann die Hitze gering reduzieren. Mais dazugeben, wenn gewünscht. Zugedeckt 20 Minuten lang sanft köcheln lassen.

7. Gewürze hinzufügen, um mehr Geschmack zu erhalten.

Kalorien: *320* kcal

Kohlenhydrate insgesamt:*52,4* g

Zucker:*10* g

Fett insgesamt:*6,8* g

Protein:*15,9* g

Natrium:*427* mg

Pflanzlicher Hackbraten

Vorbereitungszeit: **10** Minuten

Backzeit: **55** Minuten

Portionen: **8**

Zutaten:

Für den Kichererbsen-Hackbraten:

- 2 Tassen Panko-Semmelbrösel

- 2 Selleriestangen, gehackt

- 2 Karotten, gewürfelt

- 2 Dosen (je 14 Unzen), ODER 3 1/3 Tassen gekochte Kichererbsen, abgetropft und gespült

- 1/4 Teelöffel schwarzer Pfeffer

- 1/2 Tasse unaromatisierte Mandel- oder Sojamilch
- 1 Teelöffel Flüssigrauch
- 1 Zwiebel, gewürfelt
- 2 Knoblauchzehen, gehackt
- 2 Esslöffel gemahlener Leinsamen
- 2 Esslöffel Olivenöl
- 2 Esslöffel Tamari- oder Sojasauce
- 2 Esslöffel Tomatenmark
- 3 Esslöffel vegane Worcestershire-Sauce

Für die Ahornglasur:

- 2 Esslöffel Ahornsirup
- 2 Esslöffel Apfelweinessig
- 1/4 Tasse Tomatenmark

- 1 Teelöffel Paprika

- 1 Esslöffel Sojasauce oder Tamari

Zubereitung:

1. Den Ofen auf 375F vorheizen. Eine 9-Zoll-Baumpfanne leicht mit Öl einfetten.

2. Bei Bedarf chargenweise arbeiten und alle Hackbratenzutaten in eine Küchenmaschine geben. Pulsieren Sie, bis die Kichererbsen zerbrochen sind und alle Zutaten gut vermischt sind, und schaben Sie die Seiten der Küchenmaschine nach Bedarf ab. NICHT zu stark verarbeiten. Bei chargenweisem Arbeiten die verarbeitete Mischung in eine großformatige Mischschüssel geben und mit sauberen Händen kombinieren.

3. Die Hackbratenmischung in die gefettete Laibpfanne drücken. Im vorgeheizten Backofen 30 Minuten backen.

4. Während der Hackbraten backt, alle Glasurzutaten in eine kleine Schüssel geben und gut verrühren.

5. Nach Ablauf der 30 Minuten den Hackbraten aus dem Ofen nehmen. Den Hackbraten mit einem Löffel überziehen. In den Ofen zurückstellen und noch ca. 20 bis 25 Minuten backen.

6. Aus dem Ofen nehmen. Vor dem Schneiden mindestens 10 Minuten abkühlen lassen.

Hinweis: Je länger der Hackbraten sitzt, desto fester wird er. Wenn der Hackbraten nach Ihrem Geschmack weich ist, dann lassen Sie ihn noch ein paar Minuten ruhen. Sie können es auch einen Tag im Voraus zubereiten. Einfach am Serviertag aufwärmen.

Kalorien: **580** kcal

Kohlenhydrate insgesamt:**76,2** g

Zucker:**18,4** g

Fett insgesamt:**15,6** g

Protein:**22,1** g

Natrium:**480** mg

Currykartoffeln nach thailändischer Art

Vorbereitungszeit: **15** Minuten

Kochzeit: **15-20** Minuten

Portionen: **4-5**

Zutaten:

- 1 Dose (14 Unzen) Kokosmilch, normal

- 1 Esslöffel Öl

- 1/2 Tasse gehackte Koriander-Erdnussmischung

- 1/2-1 Tasse Brühe oder Wasser

- 2 Schalotten, dünn geschnitten

- 2 Süßkartoffeln, geschält und gewürfelt

- 2-3 Esslöffel Currypaste

- 3-4 Tassen frischer Babyspinat

- Fischsauce, nach Belieben

Zubereitung:

1. Wenn Sie diesen über Reis servieren, was sehr empfehlenswert ist, dann kochen Sie Ihren Reis, bevor Sie mit dem Gericht beginnen.

2. Das Öl in eine Antihaftpfanne geben und bei mittlerer bis starker Hitze erwärmen. Wenn das Öl heiß ist, die Schalotten dazugeben und unter Rühren braten, bis es duftend und weich ist.

3. Die Süßkartoffeln dazugeben und umrühren, um mit dem Öl zu überziehen. Die Currypaste hinzufügen und gut verrühren.

4. Die Brühe und die Kokosmilch unter Rühren zugeben. Bei schwacher Hitze ca. 10 bis 15 Minuten oder bis die Schale dick ist.

5. Den Spinat unterrühren und bis zum Welken kochen lassen.

6. Die Hälfte der Koriander-Erdnussmischung zugeben und den Rest als Belag aufbewahren.

7. Geben Sie einen Spritzer Fischsauce in die Schüssel. Über gekochtem Reis servieren, garniert mit der restlichen Koriander-Erdnussmischung.

Kalorien: *341* kcal

Kohlenhydrate insgesamt:*21,6* g

Zucker:*4,9* g

Fett insgesamt:**27,5** g

Protein:**7,8** g

Natrium:**63,6** mg

Perfekte Gebratener Reis mit Ananas

Vorbereitungszeit: *10* Minuten

Kochzeit: *20* Minuten

Portionen: *4*

Zutaten:

- 1 1/2 Tassen Ananas, in 1-Zoll-Würfel geschnitten, in Dosen oder frisch

- 1 1/2 Esslöffel Kokosöl

- 1 Tasse Karotten, geschält und gewürfelt

- 1 Tasse grüne Zwiebel, gehackt

- 1/2 Tasse rote Zwiebel, gewürfelt

- 1/4 Teelöffel rote Chilischotenflocken, optional

- 1-2 Esslöffel Tamarisauce ODER Sojasauce
- 2 Teelöffel frischer Ingwer, gerieben
- 2-3 Knoblauchzehen, gehackt
- 3 Tassen gekochter Reis, vorzugsweise einen Tag alt

Zubereitung:

1. Das Kokosöl in einen großen Wok oder eine Pfanne geben und bei mittlerer Hitze erhitzen. Wenn das Öl heiß ist, fügen Sie Ingwer, Knoblauch, Zwiebel, Karotten und Chilipfeffer hinzu und braten Sie es ca. 7 bis 9 Minuten lang oder bis die Karotten weich sind.

2. Die Ananasstücke dazugeben und ca. 4 bis 5 Minuten oder bis zur leichten Bräunung

anbraten.

3. Tamari, gekochten Reis und Schalotten dazugeben. Rühren, braten und nach Geschmack abschmecken. Je nach Bedarf eine Prise Salz oder Messerspitze Tamari hinzufügen.

4. Etwa 4 bis 5 Minuten unter Rühren braten oder bis der Reis durchgewärmt ist und die Zutaten kombiniert sind.

Hinweis: Um dieses Gericht fülliger zu machen, fügen Sie mehr Gemüse, Bohnen, gebackenen Tofu oder geröstete Cashewnüsse hinzu. Für die Gemüseoptionen können Sie Pilze, Zucchini, Auberginen, grüne Bohnen, Erbsen, Bok Choi, Brokkoli, Paprika und mehr hinzufügen.

Kalorien: **614** kcal

Kohlenhydrate insgesamt:**126,4** g

Zucker:**8,9** g

Fett insgesamt:**6,2** g

Protein:**11,5** g

Natrium:**257** mg

Eine wertvolle Gemüse-Quiche

Vorbereitungszeit: **15** Minuten

Backzeit: **1** Stunde, **30** Minuten

Portionen: **8**

Zutaten:

Für die Kruste:

- 3 mittelgroße bis große Kartoffeln (ca. 3 Tassen insgesamt, wenn gerieben)

- 1/4 Teelöffel Meersalz und schwarzer Pfeffer

- 2 Esslöffel Olivenöl ODER vegane Butter

Für die Füllung:

- 1 Tasse Brokkoli, gehackt

- 12,3 Unzen Tofu, extrafest seiden, trocken getupft
- 3 Esslöffel Hummus
- 2 Esslöffel Nährhefe
- 3 Knoblauchzehen, gehackt
- 1 mittelgroße Zwiebel, gewürfelt
- 3/4 Tasse Kirschtomaten, halbiert geschnitten
- Meersalz und schwarzer Pfeffer, nach Belieben

Zubereitung:

1. Den Ofen auf 450F vorheizen. Mit Antihaft-Kochspray eine 9 1/2-Zoll-Kuchenplatte leicht einfetten.

2. Reiben Sie Kartoffeln in 3 Tassen. Die

geriebene Kartoffel in die gefettete Kuchenpfanne geben und dann mit dem Olivenöl beträufeln. Mit 1/4 Teelöffel Salz und 1/4 Teelöffel Pfeffer abschmecken. Wenden, um gleichmäßig zu beschichten und dann verteilen und in die Tortenpfanne drücken, wobei Sie eine gleichmäßige Schicht bilden.

3. Im vorgeheizten Backofen ca. 22 bis 27 Minuten backen und garen, bis die Kruste goldbraun ist. Beiseite stellen.

4. Während die Kruste bräunt, Knoblauch und Gemüse zubereiten und in eine Backform geben. Mit einer reichlichen Prise Pfeffer und Salz und 2 Esslöffeln Olivenöl überziehen. In den Ofen stellen und zusammen mit der Kruste backen.

Wenn Sie die gebackene Kruste aus dem Ofen nehmen, die Ofentemperatur auf 400F reduzieren und die Gemüsemischung weiterkochen, bis sie goldbraun und weich ist, insgesamt etwa 20 bis 30 Minuten. Wenn das Gemüse gar ist, aus dem Ofen nehmen und beiseite stellen.

5. Verringern Sie die Ofentemperatur auf 375F.

6. Geben Sie den abgetropften Tofu in Ihre Küchenmaschine. Hummus, Nährhefe, 1/4 Teelöffel Salz und 1/4 Teelöffel schwarzen Pfeffer hinzufügen und gut vermischen. Beiseite stellen.

7. Das geröstete Gemüse in eine große Rührschüssel geben. Die Mischung aus

Tofu zugeben und wenden, bis sie bedeckt ist. Die Gemüsemischung in die vorbereitete Kruste geben und die Schicht gleichmäßig verteilen.

8. Bei 375F ca. 30 bis 40 Minuten backen und kochen, bis die Oberseite fest und goldbraun ist. Wenn Sie bemerken, dass die Kruste schnell braun wird, bedecken Sie die Krustenränder lose mit einem Stück Folie.

9. Wenn die Quiche gar ist, einige Minuten abkühlen lassen. Mit gehackter grüner Zwiebel oder frischen Kräutern servieren.

Hinweis: Lagern Sie die Reste in einem lose abgedeckten Behälter und bewahren Sie sie maximal 2 Tage im Kühlschrank auf. Wenn es servierfertig ist, erwärmen Sie das Ganze in einem 350F Ofen oder in der Mikrowelle.

Kalorien: **178** kcal

Kohlenhydrate insgesamt:**20,1** g

Zucker:**2,8** g

Fett insgesamt:**8,7** g

Protein:**7** g

Natrium:**180** mg

Lasagne für meine Brotdose

Vorbereitungszeit: **5** Minuten

Backzeit: **1** Stunde und **30** Minuten

Portionen: **8-10**

Zutaten:

- 10 Unzen glutenfreie Lasagne-Nudeln.

- 3 gehackte Knoblauchzehen

- 2 große Handvoll Spinat

- 4 Tassen Marinara-Sauce (32 Unzen)

- 1 Tasse Gemüsebrühe

- 3/4 Tasse rohe Cashewnüsse, über Nacht in Wasser eingeweicht und abgetropft

- 16 Unzen gehackte Pilze (verwenden Sie

viele Sorten)

- 1 Esslöffel Kokosnussaminos ODER Tamari

- 1 Teelöffel getrockneter Thymian

- Zum Braten Kokosöl, Gemüsebrühe oder Traubenkern verwenden

- Optional: Nährstoffhefe,

Zubereitung:

1. Erwärmen Sie Ihren Ofen auf eine Temperatur von 350F.

2. Geben Sie in eine große Pfanne das Öl, die Brühe oder den Traubenkern und erhitzen Sie es über mittlerer Hitze. Warten Sie, bis Geruch entsteht. Die Pilze, den Thymian und den Tamari dazugeben. 6 Minuten lang rühren. Warten Sie, bis die

Brühe erstellt ist.

3. Mit einem leistungsstarken Mixer die Cashewnüsse und die Gemüsebrühe mischen. Sie möchten , dass die Textur glatt ist, für etwa 5 Minuten. Die Hitze auf mittel bis niedrig stellen. Die Mischung köcheln lassen, die Sauce einkochen lassen und gut umrühren. Den Spinat zugeben und noch eine Minute weiterrühren.

4. Nach der Zubereitung der Sauce die Lasagne herstellen.

5. Verwenden Sie eine 11x8-Zoll-Backform. Ein Drittel der Sauce auf dem Boden verteilen. Eine Schicht der Nudeln auf die Sauce geben. Bedecken Sie es mit 1/2 Ihrer Pilzcreme. Eine weitere Schicht der

Nudeln und 1/3 der Sauce darüber geben. Den Rest der Pilzcreme hineingeben. Eine weitere Schicht von den Nudeln dazugeben und dann mit dem Rest der Sauce bedecken.

6. Mit einer Aluminiumfolie die Lasagne bedecken und dann eine halbe Stunde backen. Entfernen Sie die Folie. Sie können Nährstofföl hinzufügen, dann 15 Minuten backen. Die Schale vor dem Servieren ca. 5 Minuten abkühlen lassen.

Kalorien: *350* kcal

Kohlenhydrate insgesamt:*27* g

Zucker:*3* g

Fett insgesamt:*17* g

Protein:*23* g

Natrium:*570* mg

Ein Triple-B Burger

Vorbereitungszeit: *5* Minuten

Kochzeit: *1* Stunde und *10* Minuten

Portionen: *3*

Zutaten:

- 1 Packung Tempeh (8 Unzen)
- 1 Esslöffel Olivenöl
- 1 Tasse fein gehackte gelbe Zwiebel
- 1 Tasse leicht geröstete Walnüsse
- 1/2 Tasse Allzweckmehl
- 2 gehackte Zehen Knoblauch
- 1 Dose Linsen, entwässert und gespült (15 Unzen)

- 3 Esslöffel Pflanzenöl

- 1 Teelöffel getrocknetes Basilikum

- 1 Teelöffel Meersalz

- 1 Prise frisch gemahlener schwarzer Pfeffer

Zubereitung:

1. Die Tempeh 20 Minuten lang ausdünsten, um die Bitterkeit zu beseitigen.

2. Schneiden Sie die Tempeh in 6 kleine Portionen. Legen Sie es in den Korb, um es zu dampfen. Weitere 20 Minuten garen.

3. In einer mittelgroßen Sauteuse das Olivenöl auf mittlerer Stufe erhitzen. Die Zwiebeln hineingeben und dann leicht anbraten. Sie sollten etwas bräunlich

aussehen.

4. Den Knoblauch hineingeben und eine Minute kochen lassen. Zur Kühlung in eine große Kasserolle geben.

5. Den abgekühlten Knoblauch und die Zwiebel in eine Küchenmaschine geben. Tempeh, Walnüsse, getrocknetes Basilikum, Linsen, Mehl, Salz und schwarzen Pfeffer dazugeben. Langsam pulsieren. Die Nüsse brechen und die Gemüseburger-Mischung kreieren.

6. Die Zutaten in einer Schüssel mit den Händen mischen. Probieren Sie die Mischung und geben Sie bei Bedarf mehr Salz und schwarzen Pfeffer hinzu.

7. Schneiden Sie Pattys aus der Mischung, 4 Unzen in Größe. Drücken Sie zwischen 2

Sandwichbeuteln die Pattys hinunter. Formen Sie die Pattys rund oder in irgendeiner anderen Form.

8. Über Nacht in den Kühlschrank stellen.

9. Das Pflanzenöl mittelhoch erhitzen. 3 Patties für 4 Minuten auf jeder Seite kochen.

10. Mit roter Zwiebel, Tomate und Salat belegen. Servieren.

Kalorien: **454** kcal

Kohlenhydrate insgesamt:**22** g

Zucker:**7** g

Fett insgesamt:**22** g

Protein:**25** g

Natrium:**1.175** mg

Eine bezaubernde Enchilada-Schüssel

Vorbereitungszeit: **15** Minuten

Kochzeit: **5** Minuten

Portionen: **4**

Zutaten:

- 1 mittlere Avocado
- 1/2 Tasse schwarze Bohnen, aus der Dose
- 1/2 Tasse gehackte Karotte
- 1/2 Tasse Koriander
- 1/2 Tasse Mais, konserviert
- 1/2 Tasse Edamame, geschält
- 1/2 Tasse grüne Enchilada-Sauce

- 1/2 Tasse rote Paprika

- 1/2 Tasse rote Tomate, gehackt oder in Scheiben geschnitten

- 1/2 Tasse weiße Pilze, Scheiben oder Stücke

- 2 Knoblauchzehen

- 2 Stängel grüne Zwiebel

- 6 mittlere Mais-Tortillas

Zubereitung:

1. Die Karotten, Champignons, Zwiebeln und Knoblauch in eine Küchenmaschine geben und pulsieren, bis sie eine Masse ergeben und die Mischung leicht stückig ist.

2. Eine Pfanne mit Öl einfetten. Die

Karottenmischung in die Pfanne geben. Fügen Sie die Tomate, die schwarzen Bohnen, den Mais, die Edamame und die Paprika hinzu und braten Sie sie an, bis sie gekocht und gründlich erhitzt sind.

3. Die Mais-Tortillas auf einem Backblech anrichten. Die Karottenmischung auf die Mais-Tortillas verteilen. Mit grüner Enchiladasauce beträufeln und mit veganem Käse belegen.

4. Im vorgeheizten 375F Ofen ca. 5 Minuten backen oder bis der vegane Käse geschmolzen ist.

5. Mit Avocadoscheiben und Koriander bestreuen. Noch warm servieren.

Hinweis: Für eine klassische Version teilen Sie die Karottenmischung in Vollkorntortillas, rollen sie zusammen und geben sie in eine Auflaufform. Mit Enchiladasauce beträufeln und mit dem veganen Käse belegen. Im vorgeheizten 375F Ofen ca. 5 bis 7 Minuten backen oder bis der vegane Käse geschmolzen ist. Mit Avocadoscheiben und Koriander bestreuen. Noch warm servieren.

Kalorien: *555* kcal

Kohlenhydrate insgesamt:*48,2* g

Zucker:*4,1* g

Fett insgesamt:*36,1* g

Protein:*13,8* g

Natrium:*238* mg

Leckerer Tofu

Vorbereitungszeit: **15** Minuten

Backzeit: **15** Minuten

Portionen: **4**

Zutaten:

- 1 Pfund Tofu, fest oder extra fest, entwässert und gepresst
- 1/2 Tasse gekochter Quinoa
- Eine Flasche mit Ihrer Lieblingssauce für gesunde, dicke BBQ-Sauce ODER Ihre Lieblingssauce.

Zubereitung:

1. Den Ofen auf 425F vorheizen.

2. Auslegen eines Backblechs mit einer Silikonmatte oder einem Pergamentpapier. Legen Sie einen Draht auf die Matte oder das Papier.

3. Schneiden Sie den gepressten Tofu in etwa 1/4 Zoll dicke Stücke von Hühnernugget. Nach und nach mit 1 Stück tauchen, die Tofu-Nuggets in die BBQ-Sauce tauchen und mit der gekochten Quinoa großzügig bestreichen. Legen Sie die beschichteten Tofu-Nuggets auf den Gitterrost. Fahren Sie fort, bis alle Tofu-Stücke beschichtet sind. Dieser Schritt kann ein wenig schmutzig werden und Sie können einige zusätzliche Quinoa eintupfen, um jedes Stück zu beschichten.

4. Im vorgeheizten Ofen ca. 15 bis 20

Minuten garen oder bis die Quinoa-Beschichtung knusprig und gebräunt ist.

5. Auf Wunsch mit BBQ-Sauce servieren.

Kalorien: **181** kcal

Kohlenhydrate insgesamt:**38,6** g

Zucker:**16,9** g

Fett insgesamt:**8,1** g

Protein:**14,2** g

Natrium:**710** mg

Ein pflanzliches Wrap-Wunder

Vorbereitungszeit: **20** Minuten

Kochzeit: **0** Minuten

Portionen: **2** Wraps

Zutaten:

- 4 großformatige Kohlblätter
- 2-3 Unzen Alfalfasprossen
- 1/2 Teelöffel Ingwer, gerieben
- 1/2 Teelöffel Knoblauch, gehackt
- 1/2 Limette
- 1 Teelöffel natives Olivenöl extra
- 1 Esslöffel Tamari ODER Kokosaminos

- 1 rote Paprika

- 1 Tasse rohe Pekannüsse

- 1 Avocado

Zubereitung:

1. Die Kohlblätter waschen. Schneiden Sie die Stiele an der Unterseite der Blätter ab, den Teil, der keine Blätter hat. Die Blätter in eine Mischung aus warmem Wasser und 1/2 Zitronensaft geben. 10 Minuten einweichen lassen. Wenn die 10 Minuten vorbei sind, trocknen Sie die Blätter mit Papiertüchern. Schneiden Sie die zentralen Stängel mit einem Messer dünn in Scheiben, damit sich die Blätter später zum Wickeln leichter biegen lassen.

2. Den Pfeffer und die Avocado in Scheiben

schneiden.

3. Die Pekannüsse in eine Küchenmaschine geben. Das Olivenöl, den Knoblauch, den Ingwer und den Tamari hinzufügen. Pulsieren Sie, bis die Zutaten zusammengefügt sind, und verklumpen Sie sie.

4. In jedes Blatt der Mangold, die Nussmischung, die Avocadoscheiben und die Scheiben des roten Pfeffers geben. Mit Limettensaft beträufeln und dann mit den Alfalfasprossen bestreuen. Falten Sie das Blatt über die Unterseite und die Oberseite, und wickeln Sie dann die Seiten auf. Schneiden Sie jedes Collard-Wrap in zwei Hälften. Servieren.

Kalorien: **666** kcal

Kohlenhydrate insgesamt:**25,1** g

Zucker:**6,1g**

Fett insgesamt:**60,4** g

Protein:**6,1** g

Natrium:**514** mg

Kapitel 6: Genießen Sie ein pflanzenbasiertes Abendessen.

Wenn der Tag vorbei ist, ist es großartig, sich zu entspannen und mit herzhaften und füllenden Rezepten aus der Pfanne zu entspannen. Hier sind 10 Gerichte, die Ihren Tag abrunden werden.

Vietnamesische Nudeln für die Seele

Vorbereitungszeit: **15** Minuten

Kochzeit: **35-40** Minuten

Portionen: **4**

Zutaten:

- 1 große Zwiebel, geschält und geviertelt

- 1 Sternanis

- 1 Esslöffel Kokosaminos

- 1 Zoll Ingwerstück, geschält und in zwei Hälften geschnitten

- 2 Zimtstangen

- 2 Knoblauchzehen, zerdrückt

- 2 Esslöffel Fischsauce

- 3 großformatige Zucchini

- 3 ganze Nelken

- 4 großformatige Eier

- 8 Tassen Gemüsebrühe

- Salz nach Belieben

Zum Garnieren:

- 1 Tasse Bohnensprossen

- 1-2 Limetten, in Scheiben geschnitten
- 2 grüne Zwiebeln, gehackt
- Koriander
- Minzblätter
- Rote Paprikaflocken

Zubereitung:

1. Mit der geschnittenen Seite nach unten zeigend den Ingwer und die Zwiebel in eine Pfanne geben, die bei mittlerer bis hoher Hitze erhitzt wird. Den Ingwer ca. 3-4 Minuten und die Zwiebel ca. 5 Minuten garen und nach Hälfte der Garzeit wenden. Die gekochte Zwiebel und den Ingwer in einen Suppentopf geben.

2. Zimtstange, Sternanis, Knoblauch und

Nelke in die Pfanne geben. Bei mittlerer bis starker Hitze oder bis die Gewürze duften, ca. 30 Sekunden lang rühren. Schalten Sie die Hitze aus. Übertragen Sie die Gewürze in den Suppentopf.

3. Die Gemüsebrühe in den Topf geben und zum Kochen bringen. Wenn die Brühe kocht, die Hitze auf Köcheln reduzieren. Die Kokosaminos, die Fischsauce und etwa 1 Esslöffel Salz hinzufügen und zugedeckt etwa 30 Minuten köcheln lassen. Es sollten keine Blasen entstehen.

4. Während die Brühe kocht, waschen Sie die Zucchini sauber und schneiden Sie dann die Enden ab. Mit der C-Klinge eines Spiralisierers die Zucchini zu Nudeln spiralen. Wenn Sie keinen Spiralisierer

haben, schälen Sie mit einem Gemüseschäler entlang der Seiten der Zucchini und machen Sie fettuccinartige Stücke. Sie können auch mit einem Messer Streifen von die Zucchini schneiden, bis Sie den Kern erreichen, und die Zucchini dann in lange, dünne Stücke schneiden. Die Zucchini-Nudeln auf Wunsch mit der Küchenschere in kürzere Stücke schneiden, um sie handlicher zu machen.

5. Die Nudeln in 3-4 Schalen verteilen.

6. Wenn die Brühe fertig ist, die Gewürze abseihen und die Brühe wieder in den Topf geben. Probieren Sie die Brühe und geben Sie bei Bedarf mehr Salz hinzu.

7. Füllen Sie jede Schale mit Zucchini-

Nudeln mit Brühe. Mit Koriander, Minze, Bohnensprossen, Limette und Paprikaflocken belegen. Etwa 1 Esslöffel Limettensaft in die Nudeln spritzen.

Kalorien: **252** kcal

Kohlenhydrate insgesamt:**24,6** g

Zucker:**8,5** g

Fett insgesamt:**9** g

Protein:**22,5** g

Natrium:**2369** mg

Mühelos zubereitete Pizza

Vorbereitungszeit: **5** Minuten

Backzeit: **25** Minuten

Portionen: **4**

Zutaten:

- 1 Tasse Wasser
- 1 Esslöffel Olivenöl
- 1/2 Tasse Marinara ODER Pizzasauce
- 1/2 Tasse veganer Mozzarella-Käse (vegan)
- 2 Tassen Kichererbsenmehl
- 2 Teelöffel Olivenöl
- Messerspitze Salz

- Handvoll geschredderter Grünkohl

Zubereitung:

1. Den Ofen auf 375F vorheizen. Eine Backform mit Pergamentpapier auslegen.

2. Das Mehl in eine mittelgroße Schüssel geben. Das Wasser, das Salz und 2 Teelöffel Olivenöl dazugeben und unter Rühren gut vermischen.

3. Den Teig in 1 große ¼ Zoll dicke Pizzakrustenform oder 4 kleine ¼ Zoll dicke Pizzakrusten verteilen. Die Kruste in die vorbereitete Backform geben.

4. Im vorgeheizten Backofen ca. 15 bis 20 Minuten backen oder bis die Kanten leicht knusprig sind.

5. Während die Kruste backt, den Grünkohl

mit 1 Esslöffel Olivenöl würfeln.

6. Wenn die Kruste gar ist, aus dem Ofen nehmen. Das Pergamentpapier und die Kruste auf den Kopf stellen und auf das Backblech legen. Ziehen Sie das Backblech vorsichtig von der Kruste weg.

7. Die Sauce auf der Kruste verteilen. Den Grünkohl auf die Sauce legen und mit veganem Käse bestreuen.

8. Im Backofen ca. 5 bis 7 Minuten backen. In Stücke schneiden und genießen!

Kalorien: **480** kcal

Kohlenhydrate insgesamt:**67,8** g

Zucker:**13,5** g

Fett insgesamt:**15,2** g

Protein: **21,1** g

Natrium: **256** mg

Cobbler Crave Creator

Vorbereitungszeit: *10* Minuten

Kochzeit: *45* Minuten

Portionen: 6

Zutaten:

- 1 Tasse Haferflocken

- 1/2 Tasse grob gehackte Pekannüsse

- 1/4 Tasse Allzweckmehl ODER zusätzlich 1/4 Tasse Mandelmehl

- 1/4 Tasse Mandelmehl

- 2 verpackte leichte Esslöffel Muskovadozucker ODER brauner Zucker

- 2 Esslöffel Kokoszucker ODER mehr

brauner Zucker

- 4 Esslöffel Olivenöl, ODER Kokosöl, PLUS mehr zum Überziehen der Pfanne

- 7-8 Stück reife Pfirsiche, halbiert, entkernt und gehackt

- Ein paar Kirschen, entkernt, gehackt

- Prise Meersalz

Zubereitung:

1. Den Ofen auf 350F vorheizen. Eine quadratische 8-Zoll-Backform leicht mit dem Olivenöl einfetten.

2. Legen Sie die gehackten Früchte in die Schüssel, während Sie sie schneiden, und verteilen Sie sie dann in einer gleichmäßigen Schicht in der Schüssel.

3. Die restlichen Zutaten in eine Rührschüssel geben, einschließlich 4 Esslöffel Olivenöl. Mit einem Holzlöffel oder sauberen Händen gut vermischen.

4. Die Streuselmasse auf die Fruchtschicht legen und in einer gleichmäßigen Schicht verteilen.

5. Im vorgeheizten Backofen ca. 40 bis 45 Minuten backen oder bis die Oberseite goldfarben und knusprig ist und die Frucht sprudelt.

6. So wie es ist oder mit Ihrem Lieblingseis auf pflanzlicher Basis servieren.

7. Bewahren Sie alle Reste im Kühlschrank für bis zu 2 bis 3 Tage auf.

Kalorien: *288* kcal

Kohlenhydrate insgesamt: *33* g

Zucker: *17* g

Fett insgesamt: *16,7* g

Protein: *5* g

Natrium: *3* mg

Auflauf auf pflanzlicher Basis

Vorbereitungszeit: **20** Minuten

Backzeit: **1** Stunde, **15** Minuten

Portionen: **4-6**

Zutaten:

- 10 Unzen superfester oder extrafester Bio-Tofu, gewürfelt

- 12 Unzen Mischung aus Babykarotten, Kichererbsen und Brokkoliröschen ODER 1 Beutel (12 Unzen) Pfannengrüngemüse.

- 3 Tassen gekochter Reis, ODER gekochter Blumenkohlreis oder Quinoa

- 8 Unzen Tempeh, gewürfelt

Für die Teriyaki-Sauce:

- 1/2 Teelöffel Knoblauchpulver ODER 1 Knoblauchzehe, gehackt
- 1/2 Teelöffel gemahlener Ingwer ODER 1 Teelöffel frisch geriebener Ingwer
- 1/4 Tasse reiner Ahornsirup ODER reiner Rohrzucker oder Kokoszucker
- 2 Esslöffel Maisstärke ODER 3 Esslöffel Tapiokamehl PLUS gleiche Menge Wasser
- 3/4-Tassen-Tamari ODER Kokosaminos oder natriumarme Sojasauce.
- 3/4 Tasse Wasser

Zubereitung:

1. Den Ofen auf 400F vorheizen.
2. Den Tofu abtropfen lassen und zwischen

ein gefaltetes sauberes Handtuch legen. Legen Sie einen schweren Topf auf das Handtuch, um überschüssige Flüssigkeit 10 Minuten lang auszudrücken. Sie können diesen Schritt überspringen, wenn Sie superfesten Tofu verwenden.

3. Sobald der Tofu ausgepresst ist, in 3/4 bis 1 Zoll große Würfel schneiden. Schneiden Sie die Tempeh auch in 3/4 bis 1 Zoll große Würfel.

4. Knoblauch, Ingwer, Ahornsirup, Wasser und Tamari in einen kleinen Topf geben, umrühren und die Mischung zum Kochen bringen. Wenn die Mischung kocht, die Hitze auf niedrig reduzieren und 1 Minute garen. Fügen Sie 1-2 Esslöffel mehr Ahornsirup hinzu, wenn Sie eine süßere

Sauce wollen.

5. Maisstärke und Wasser in eine kleine Schüssel geben und mischen, bis die Masse glatt ist. Die Maisstärkeaufschlämmung in den Topf geben und ca. 1 Minute, oder bis die Sauce dick ist, garen. Den Topf vom Herd nehmen und beiseite stellen.

6. Den Tempeh und den Tofu in eine mittelgroße Schüssel geben. Ca. 3/4 Tasse Teriyaki-Sauce zugeben und sanft in die Masse geben.

7. Ein Backblech mit Silpat oder Pergamentpapier auslegen. Tempeh und Tofu auf dem Backblech verteilen und gleichmäßig verteilen. Das Backblech in die mittlere Schiene des Ofens legen und

40 Minuten backen.

8. Wenn die 40 Minuten abgelaufen sind, reduzieren Sie die Ofentemperatur auf 350F.

9. Den Reis nach den Anweisungen der Verpackung kochen.

10. Das Gemüse in einem Bambusdampfer oder mit einer anderen Methode dämpfen.

11. Den gekochten Reis, das gedünstete Gemüse und das gebackene Tempeh-Tofu in eine Auflaufform geben. Mehr Teriyaki-Sauce hinzufügen, wobei eine kleine Menge der Sauce zum Servieren übrig bleibt. Wenden Sie das Ganze, bis die Zutaten gut mit der Teriyaki-Sauce überzogen sind.

12. Die Form in den Ofen stellen und ca. 10 bis 15 Minuten backen oder bis sie durchgewärmt ist.

13. Teilen Sie die Auflaufform in 4 bis 6 Servierschalen. Jede Portion mit der reservierten Sauce beträufeln.

Hinweis: Wenn Sie Tempeh nicht finden können, dann verwenden Sie stattdessen 1 ganzen Block (14 Unzen) Tofu. Wenn Sie nur Tempeh für Ihren Auflauf verwenden möchten, dann verwenden Sie 2 Pakete (je 8 Unzen). Sie können auch eine der pflanzlichen Zutaten durch roten Paprika oder Frühlingserbsen oder ein beliebiges Gemüse ersetzen.

Kalorien: *839* kcal

Kohlenhydrate insgesamt:*146,1* g

Zucker: **12,9** g

Fett insgesamt: **11,8** g

Protein: **36,4** g

Natrium: **3222** mg

Ein überraschender Eintopf

Vorbereitungszeit: **15** Minuten

Kochzeit: **30** Minuten

Portionen: **8** Tassen

Zutaten:

- 1 1/2 Tassen Kichererbsen, gekocht
- 1 Tasse braune Linsen, vorher einige Stunden eingeweicht
- 1 Tasse Karottenmünzen
- 28 flüssige Unzen in Dosen gewürfelte Tomaten
- 2 Teelöffel natives Olivenöl extra
- 2 mittlere Knoblauchzehen, gehackt

- 2 Tassen Zucchini, gewürfelt

- 2 Tassen Wasser

- 2 Tassen lose gepackter Grünkohl, entstielt

- 1/2 weiße Zwiebel

- 1 Teelöffel Petersilie

- 1 Teelöffel Oregano

- 1 Teelöffel getrocknetes Basilikum

- 1 Esslöffel frischer Salbei, gehackt

- Salz und schwarzer Pfeffer, nach Belieben

Zubereitung:

1. Das Olivenöl in eine Pfanne geben und bei mittlerer Flamme oder Hitze ca. 1 Minute erhitzen. Zwiebel, Knoblauch und

Karotten dazugeben und ca. 2 Minuten anbraten oder bis die Zwiebeln durchsichtig werden.

2. Kichererbsen, Zucchini, Tomaten, Linsen, getrocknete Kräuter und Wasser hinzufügen. Gut verrühren und zum Kochen bringen. Wenn die Mischung kocht, den Topf abdecken und 20 Minuten köcheln lassen.

3. Wenn die 20 Minuten abgelaufen sind, nehmen Sie den Topf vom Herd und entfernen Sie den Deckel. Grünkohl und Salbei unterrühren.

4. Nochmals mit dem Deckel abdecken und den Grünkohl in der Restwärme ca. 5 bis 10 Minuten garen lassen, bis er welk ist.

5. Mit Salz und schwarzem Pfeffer

abschmecken.

Hinweis: Wenn Sie ungekochte Kichererbsen verwenden, tränken Sie sie über Nacht in Wasser, spülen Sie sie ab und kochen Sie sie in einem separaten Topf etwa 30 Minuten lang, bevor Sie den Eintopf kochen.

Kalorien: **259** kcal

Kohlenhydrate insgesamt:**44,5** g

Zucker:**8,6** g

Fett insgesamt:**3,7** g

Protein:**14,6** g

Natrium:**42** mg

Eine Tempeh-Leckerei

Vorbereitungszeit: **35** Minuten

Kochzeit: **10-20** Minuten

Portionen: **4-6**

Zutaten:

- 1 Avocado, geschält, entkernt und geschnitten
- 1 Tasse Mikrogrün
- 1 Pfund Tempeh, geschnitten in quadratische Pasteten
- 1 Esslöffel Olivenöl, extra nativ
- 1 gelbe Zwiebel, geschält, halbiert und geschnitten

- 1/3 Tasse BBQ-Sauce

Zubereitung:

1. Die Tempeh-Pasteten in eine flache Schüssel geben. Die BBQ-Sauce über die Pasteten gießen, bedecken und dann die Pasteten drehen, um jede Seite gut mit der Sauce zu überziehen. Beiseite legen.

2. Den Boden einer Sauteuse mit Olivenöl bestreichen und bei mittlerer Hitze erhitzen. Wenn das Öl heiß ist, die Zwiebel dazugeben und ca. 30 Minuten oder bis zur Karamellisierung anbraten. Vom Herd nehmen und beiseite stellen.

3. Fetten Sie einen Grill mit Kochspray ein und erhitzen Sie ihn dann auf mittlere Stufe. Alternativ können Sie den Ofen auch auf 400F vorheizen.

4. Entfernen Sie die Tempeh aus der Schale und legen Sie den Grill auf oder backen Sie im Ofen direkt in der flachen Schale.

5. Beim Grillen ca. 10 Minuten garen oder bis dunkle Grillspuren auf den Pasteten erscheinen, die während der Garzeit einmal gedreht werden.

6. Beim Backen 20 Minuten kochen lassen und die Pasteten einmal wenden.

7. Die gegrillte oder gebackene Tempeh auf Servierplatten legen. Avocadoscheiben auf die Tempeh-Pasteten legen. Mit den Mikrogrünen und den karamellisierten Zwiebeln belegen.

8. Nach Belieben mit mehr BBQ-Sauce servieren. Guten Appetit!

Kalorien: **394** kcal

Kohlenhydrate insgesamt:**25,2** g

Zucker:**6,9** g

Fett insgesamt:**25,7** g

Protein:**22,3** g

Natrium:**248** mg

Oh mein Gott! Bulgur Pilaf!

Vorbereitungszeit: **10** Minuten

Garzeit: **30** Minuten

Portionen: **2**

Zutaten:

- 1 Esslöffel Knoblauch, fein gehackt
- 1 Tasse Bulgur
- 1/2 Teelöffel Salz
- 1/3 Tasse entsteinte Datteln, gehackt
- 12 Tassen Senfgrün, dünn geschnitten, (ca. 1 Bund), entfernen Sie die harten Stiele.
- 2 Schalotten, gehackt

- 2 Esslöffel gehackte Walnüsse

- 2-3 Esslöffel Wasser

- 6 Teelöffel Walnussöl ODER natives Olivenöl extra, geteilt

- 4 Teelöffel Weißweinessig

Zubereitung:

1. Bereiten Sie die Bulgur nach den Anweisungen der Verpackung vor. In ein Sieb geben, unter fließendem Kühlwasser abspülen und abtropfen lassen.

2. Die Walnüsse in einer kleinen, trockenen Pfanne bei mittlerer bis geringer Hitze ca. 2 bis 3 Minuten rösten oder unter ständigem Rühren duftend und leicht gebräunt rösten. Vom Herd nehmen und beiseite stellen.

3. 5 Teelöffel Walnussöl in eine große Pfanne geben und bei mittlerer bis niedriger Flamme oder Hitze erhitzen. Wenn das Öl heiß ist, die Schalotten dazugeben und ca. 4-6 Minuten anbraten oder bis sie anfangen zu bräunen. Knoblauch zugeben und unter ständigem Rühren ca. 15 Sekunden lang oder bis zum Duften anbraten.

4. Fügen Sie die Datteln, Senfgrün und 2 Esslöffel Wasser hinzu. Etwa 4 Minuten kochen lassen oder bis das Wasser verdunstet ist und die Senfgrüns weich sind, gelegentlich unter Rühren. Fügen Sie 1 Esslöffel Wasser hinzu, wenn die Pfanne trocken wird, bevor Ihr Senfgrün weich ist. Den Essig und das Salz dazugeben. Bulgur zugeben und ca. 1

Minute oder bis zur vollständigen Erwärmung rühren.

5. Besprühen Sie mit dem 1 Teelöffel Walnussöl und streuen Sie dann die gerösteten Walnüsse über die Schale. Servieren.

Kalorien: **196** kcal

Kohlenhydrate insgesamt:**31** g

Zucker:**7** g

Fett insgesamt:**7** g

Protein:**7** g

Natrium:**222** mg

Süßkartoffeln und Grünkohl aus Afrika

Vorbereitungszeit: **15** Minuten

Backzeit: **55** Minuten

Portionen: **6**

Zutaten:

- 3-4 kleine Süßkartoffeln
- 1/4 Tasse Pinienkerne
- 1 Tasse Wildreis
- 1 Bund Grünkohl
- Chilipulver
- Kreuzkümmel
- Gemahlener Senf

- Salz und schwarzer Pfeffer, nach Belieben

Zubereitung:

1. Die Süßkartoffeln in Würfel schneiden und in eine mit Pergamentpapier ausgekleidete Auflaufform legen. Das Ganze würfeln und leicht mit Olivenöl bestreichen. Die Süßkartoffelwürfel gleichmäßig in der Auflaufform verteilen.

2. Im vorgeheizten 400F Backofen ca. 30 bis 40 Minuten backen oder bis es gabelzart ist.

3. In der Zwischenzeit den Wildreis gemäß der Verpackung zubereiten.

4. Wenn sowohl die Süßkartoffelwürfel als auch der Reis gekocht sind, die Pinienkerne in einer Pfanne bei mittlerer

Hitze rösten oder etwa 5 bis 10 Minuten erhitzen.

5. Den Grünkohl in grobe Stücke schneiden.

6. Reis, Süßkartoffelwürfel, Grünkohl und Pinienkerne in eine große Rührschüssel geben. Zum Einarbeiten wenden und mit den Gewürzen abschmecken.

7. Noch warm servieren. Viel Spaß!

Kalorien:	**234** kcal
Kohlenhydrate insgesamt:	**45** g
Zucker:	**5,5** g
Fett insgesamt:	**4,2** g
Protein:	**6,7** g
Natrium:	**42** mg

Ein nahrhafter Nudelteller

Vorbereitungszeit: *5* Minuten

Kochzeit: *25* Minuten

Portionen: *3*

Zutaten:

Für die gerösteten Kichererbsen:

- 1 Dose Kichererbsen
- 1 Esslöffel natives Olivenöl extra
- 1/2 Teelöffel Knoblauchpulver
- Salz und schwarzer Pfeffer, nach Belieben

Für Gemüse-Nudeln:

- 2 Zucchinis

- 2 Esslöffel Ihres Lieblingspesto
- 1 Teelöffel Knoblauch, gehackt
- 1 Esslöffel natives Olivenöl extra
- 1 Esslöffel Wasser
- 1 mittelgroße Süßkartoffel ODER 1/2 große Süßkartoffel

Zubereitung:

1. Den Ofen auf 425F vorheizen.

2. Die Kichererbsen abtropfen lassen, abspülen und, falls gewünscht, die Schalen entfernen. Gespülte Kichererbsen in eine Schüssel geben. Die Gewürze und das Olivenöl hinzufügen. Wenden, um ein gleichmäßiges Fell zu erhalten. Die Kichererbsen auf einem Backblech verteilen und im vorgeheizten Ofen 25

Minuten braten, dabei die Erbsen zur Hälfte der Garzeit umdrehen.

3. Während die Kichererbsen braten, spiralisieren Sie die Zucchini und die Kartoffel zu Nudeln mit der C-Klinge eines Spiralisierers. Wenn Sie keinen Spiralisierer haben, schälen Sie mit einem Gemüseschäler entlang der Seiten der Zucchini und Kartoffel und machen Sie fettuccinartige Stücke. Sie können auch mit einem Messer Streifen auf die Zucchini schneiden, bis Sie den Kern erreichen, und die Zucchini dann in lange, dünne Stücke schneiden. Die Zucchini-Nudeln in separate Schalen geben.

4. Wenn nur noch 10 Minuten von der Röstzeit der Kichererbsen übrig sind,

stellen Sie eine Pfanne auf den Herd und erhitzen Sie sie bei mittlerer Flamme oder Hitze. Wenn die Pfanne heiß ist, das Olivenöl, den Knoblauch, das Wasser und die Süßkartoffeln hinzufügen. Die Pfanne abdecken und ca. 5 Minuten kochen lassen, dabei die Nudeln ein paar Mal umrühren.

5. Die Zucchini-Nudeln dazugeben, vermengen und 3 Minuten kochen lassen. Die Pfanne vom Herd nehmen. Das Pesto unterrühren, bis es gleichmäßig bedeckt ist.

6. Die Gemüse-Nudeln auf 3 Servierschalen verteilen. Die gerösteten Kichererbsen zwischen den Schalen verteilen und auf die Gemüse-Nudeln legen.

Kalorien: **367** kcal

Kohlenhydrate insgesamt: **47** g

Zucker: **10** g

Fett insgesamt: **17** g

Protein: **10** g

Natrium: **435** g

Das beste Sushi mit braunem Reis

Vorbereitungszeit: **30** Minuten

Kochzeit: **25** Minuten

Portionen: **3-4**

Zutaten:

Für das Sushi:

- 1 Tasse Alfalfasprossen
- 1 Tasse dünn geschnittene Karotten
- 1 Tasse dünn geschnittene Gurke
- 1 rote Paprika, geröstet oder frisch, in Scheiben geschnitten,
- 4 Nori-Blätter (getrocknete Algen)

Für den Reis:

- 1 2/3 Tassen Wasser
- 1 Tasse kurzkörniger brauner Reis, gespült
- 1/2 Teelöffel Meersalz
- 2 Esslöffel Rohrzucker, bio
- 3 Esslöffel Reisweinessig

Zum Servieren (optional):

- Eingelegter Ingwer
- Sesamsamen
- Tamari ODER Sojasauce
- Wasabi

Zubereitung:

1. Das Wasser in einen mittelgroßen Topf

gießen und kochen lassen. Wenn das Wasser kocht, fügen Sie den braunen Reis hinzu, rühren Sie ihn um, um ihn zu verteilen, und reduzieren Sie die Flamme auf schwache Hitze. Den Topf bedecken und ca. 18 bis 25 Minuten köcheln lassen oder bis der Reis das Wasser vollständig aufgenommen hat. Lassen Sie überschüssiges Wasser bei Bedarf ab.

2. Während des Kochens des Reises Salz, Zucker und Essig in einen kleinen Topf geben, bei mittlerer Hitze erhitzen und gelegentlich umrühren, bis Salz und Zucker gelöst sind. In eine Schüssel oder ein Glas geben und abkühlen lassen, bis der Reis gar ist.

3. Wenn der braune Reis gar ist, schalten Sie

die Flamme aus. Fügen Sie den gekühlten Essig hinzu und verwenden Sie eine Gummigabel oder einen Spachtel, rühren Sie ihn unter Einarbeitung um und achten Sie darauf, dass er nicht übermischt wird. Die Mischung wird zunächst nass, aber die Mischung trocknet, wenn die Wärme unter Rühren abgegeben wird. Sobald die Mischung vollständig trocken und klebrig ist, ist sie fertig.

4. Während der Reis fertig gekocht wird, das Gemüse zubereiten, indem man es in sehr dünne Scheiben schneidet. Sie werden nicht in der Lage sein, das Sushi zu rollen, wenn Ihr Gemüse zu sperrig ist.

5. Legen Sie ein Nori-Blatt auf eine Sushi-Matte. Tauchen Sie Ihre Hände in Wasser.

Tupfen Sie eine sehr dünne Reisedecke auf das Nori-Blatt und achten Sie darauf, dass die Schicht nicht zu dick ist, sonst können Sie das Sushi nicht rollen. Etwa 1,5 cm auf dem Nori-Blatt ohne Reis liegen lassen.

6. An 3/4 der Unterseite der Reischicht das Gemüse oder die gewünschte Schicht in Längsrichtung über den Reis anordnen.

7. Seitlich mit der Füllung und mit den Fingerspitzen anstarren und die Nori mit Reis rollen. Sobald die Füllung mit Nori und Reis bedeckt ist, halten Sie die Matte fest und rollen Sie sie über die Form, um sie zu komprimieren. Weiterrollen und bis das Sushi vollständig gerollt ist. Wiederholen Sie dies, bis der gesamte

Reis und die Füllungen verwendet sind, so dass etwa 5 bis 6 Rollen entstehen. Schneiden Sie jede Rolle in 6 gleiche Stücke.

8. Sofort mit Wasabi, eingelegtem Ingwer, Tamari und eingelegtem Ingwer servieren.

9. Dieses Gericht ist am besten frisch zubereitet, aber Sie können die Reste in einem Behälter mit Deckel aufbewahren und bis zu 2 Tage gekühlt aufbewahren.

Kalorien: **438** kcal

Kohlenhydrate insgesamt: **60,3** g

Zucker: **8,4** g

Fett insgesamt: **1,9** g

Protein: **7,5** g

Natrium: *353* mg

Kapitel 7: Süße Snacks

Wenn Sie etwas brauchen, um Sie mitten am Tag aufzumuntern, werden Sie diese köstlichen Snacks auf Pflanzenbasis sicherlich mit Energie versorgen.

Burrito Bisse

Vorbereitungszeit: **15** Minuten

Kochzeit: **5** Minuten

Portionen: **6**

Zutaten:

- 1 1/2 Tassen gekochte oder konservierte schwarze Bohnen

- 1 Avocado, in Scheiben geschnitten

- 1 bis 1 1 1 /2 Tasse Enchilada-Sauce

- 1 bis 1 1/2 Tassen gekochter Vollkornreis

- 6 Mehltortillas, für Burritos

- 6 Handvoll grüne Blätter

Zubereitung:

1. Den Reis, die schwarzen Bohnen und die Enchiladasauce in eine Antihaftpfanne geben. Zum Mischen umrühren und bei sehr geringer Hitze erwärmen. Überprüfen Sie, ob das Salz ausreicht, und geben Sie bei Bedarf mehr hinzu.

2. Während die Reismischung erhitzt wird, die Tortillas erhitzen.

3. Wenn die Tortillas und die Reismischung

erhitzt sind, löffeln Sie 1-2 Esslöffel der Reismischung auf jeder Tortilla. Mit Avocado und dem Grün bestreuen.

4. Um die Burritos zu formen, falten Sie zuerst die beiden Seiten zur Mitte und rollen Sie sie dann von unten auf, bis sie vollständig aufgerollt sind.

5. Wickeln Sie sie jeweils mit Folie oder Pergamentpapier ein, wenn Sie sie mitnehmen.

Hinweis: Sie können auch veganen Käse, Tomaten, veganen Frischkäse und Koriander zur Füllung hinzufügen.

Kalorien: *476* kcal

Kohlenhydrate insgesamt: *84* g

Zucker: *4,3* g

Fett insgesamt: **9,1** g

Protein: **18,2** g

Natrium: **51** mg

Gesunder Hummus

Vorbereitungszeit: **15** Minuten

Kochzeit: **0** Minuten

Portionen: **4**

Zutaten:

- 2 Dosen (15 Unzen) Garbanzo-Bohnen
- 1/2 Teelöffel Paprika
- 1/2 Teelöffel Kreuzkümmel
- 1/2 Tasse Zitronensaft
- 2 Knoblauchzehen, zerdrückt
- 2 Esslöffel gehackte frische Petersilie
- 4 Teelöffel Olivenöl

- Salz, nach Belieben

Zubereitung:

1. Die Bohnen abtropfen lassen, 1/2 Tasse der Flüssigkeit aus der Dose zurückhalten und 1/4 Tasse der Barbanzo-Bohnen beiseite stellen.

2. Den Rest der Barbanzo-Bohnen in eine Küchenmaschine oder einen Mixer geben. Den Zitronensaft hinzufügen und verarbeiten oder mischen, bis die Mischung püriert ist.

3. Salz, Kreuzkümmel, Paprika, Petersilie, Knoblauch und Olivenöl zugeben und erneut verarbeiten oder mischen, wobei die zurückgestellte Bohnenflüssigkeit langsam hinzugegeben wird, bis die gewünschte Konsistenz erreicht ist. Die

pürierte Mischung in eine Schüssel geben und die reservierten Bohnen unterrühren.

4. 2 Stunden lang kühl stellen. Servieren Sie es mit ganzen Bohnen, Petersilie, Gemüse, Brot und Chips oder Pita-Brot, oder was auch immer Sie möchten.

Kalorien:	**826** kcal
Kohlenhydrate insgesamt:	**130,5** g
Zucker:	**23,5** g
Fett insgesamt:	**17,9** g
Protein:	**41,5** g
Natrium:	**98** mg

Fruchtiger Quesadilla

Vorbereitungszeit: *10* Minuten

Kochzeit: *4* Minuten

Portionen: *2-4*

Zutaten:

- 1 Banane, dünn geschnitten
- 1 Esslöffel Ahornsirup
- 1/2 Tasse dünn geschnittene Äpfel
- 10-12 Trauben
- 2 Esslöffel Kokosnusscreme
- 2 Vollkornmehltortillas
- 4 Esslöffel Erdnussbutter

Zubereitung:

1. Die Erdnussbutter auf 1 Tortilla verteilen. Legen Sie die Bananenscheiben, Trauben und Apfelscheiben auf die Erdnussbutterschicht.

2. Die Kokosnusscreme und den Ahornsirup mischen. Die Mischung über die Frucht- und Erdnussbutterschicht streuen.

3. Eine Pfanne bei mittlerer bis starker Hitze erwärmen und mit Kochspray einfetten. Die Quesadillas zugeben und jede Seite ca. 2 Minuten oder goldbraun braten, dabei vorsichtig die Quesadillas wenden.

4. Die andere Tortilla darüber legen. Fest drücken und dann den Quesadilla in Viertel schneiden.

Kalorien:	**239** kcal
Kohlenhydrate insgesamt:	**31,5** g
Zucker:	**13,7** g
Fett insgesamt:	**11,3** g
Protein:	**6,6** g
Natrium:	**266** mg

Veggie-Poppers zum Anbeten

Vorbereitungszeit: **10** Minuten

Kochzeit: **20** Minuten

Portionen: **6**

Zutaten:

- 1 Dose (4 Unzen) grüne Chilischoten, optional

- 1 Teelöffel Kreuzkümmel

- 1/2 Tasse zerdrückte geröstete Tortilla-Chips oder rote Paprikaflocken, zum Garnieren, optional

- 1/2 gelbe oder weiße Zwiebel, gewürfelt

- 10 Jalapeños, halbiert, entkernt, Stiele

entfernt

- 2 Knoblauchzehen, gehackt
- 2 Esslöffel Nährhefe
- 3/4 Tasse rohe Cashewnüsse, 4-6 Stunden oder über Nacht in Wasser eingeweicht, abgetropft
- 3/4 Tasse Gemüsebrühe
- Olivenöl

Zubereitung:

1. Den Ofen auf 400F vorheizen.
2. Jalapenos in Längshälften schneiden, die Spitzen abschneiden und dann mit etwas Olivenöl besprühen oder putzen. Mit der geschnittenen Seite nach oben zeigen und diese in Reihe anordnen.

3. Wenn Sie zerdrückte Tortilla-Chips verwenden, sprühen Sie sie mit Olivenöl ein und backen Sie sie dann etwa 7 bis 10 Minuten lang oder bis sie goldbraun sind.

4. Einen kleinen Topf mit Olivenöl einfetten und bei mittlerer Hitze erhitzen. Knoblauch und Zwiebel dazugeben und ca. 5 Minuten oder bis zum Duften anbraten und nur noch weich werden lassen. Beiseite stellen.

5. Cashewnüsse, grüne Chilischoten, Gemüsebrühe, Kreuzkümmel, Nährhefe, Zwiebel und Knoblauch in einen Mixer geben und zu einer glatten und cremigen Masse verarbeiten.

6. Die Cashew-Mischung in die Jalapeno-Hälften geben oder löffeln und großzügig

füllen. Reservefüllung als Dip oder für Nachos.

7. Die Füllung mit den gerösteten, zerkleinerten Tortilla-Chips nachfüllen. Im Ofen ca. 15 Minuten backen oder bis sich die Farbe der Füllung vertieft hat und die Jalapenos weich sind.

8. Übertragen Sie die Pfanne auf das obere Gestell. 1-2 Minuten grillen, um den Geschmack und die Farbe zu intensivieren.

9. Sofort servieren und auf Wunsch mit Paprikaflocken bestreuen.

10. Hinweis: Lagern Sie die Reste in abgedeckten Behältern und bewahren Sie sie für ein paar Tage gekühlt auf. Wenn Sie servierfertig sind, erwärmen Sie das

Ganze in einem vorgeheizten Ofen mit 350 F oder in einer Mikrowelle, bis es durchgewärmt ist.

Kalorien:	**68** kcal
Kohlenhydrate insgesamt:	**8** g
Zucker:	**3** g
Fett insgesamt:	**3,7** g
Protein:	**2,2** g
Natrium:	**25** mg

Erstaunliches Spargel-Schnellgericht

Vorbereitungszeit: **15-20** Minuten

Backzeit: **20-25** Minuten

Portionen: **4**

Zutaten:

- 1 Bund Spargel
- 1 Tasse Mandelmehl
- 1 Teelöffel rosa Himalaya-Salz
- 1 Teelöffel Ahornsirup
- 1 Teelöffel geräucherte Paprika
- 1/2 Teelöffel gemahlener schwarzer Pfeffer

- 2 Esslöffel Nährhefe, optional

- Ein Tropfen von Ihrem bevorzugten Speiseöl

Zubereitung:

1. Den Ofen auf 400F vorheizen.

2. Den Spargel sauber waschen und halbieren. In eine tiefe Schüssel geben. Mit Ahornsirup, Paprika, Pfeffer, Salz und bei Bedarf mit Öl bestreuen. Mischen und würfeln, um ein gleichmäßiges Auftragen zu gewährleisten.

3. Das Mandelmehl und bei Gebrauch die Nährhefe in eine separate Schüssel geben und vermengen. Mit einem Stück nach dem anderen arbeiten, den Spargel in das Mandelgericht geben und mit der

Mandelmehlmischung bestreichen.

4. Die beschichteten Spargelstücke auf ein mit Pergamentpapier ausgelegtes Backblech legen. Im vorgeheizten Backofen auf ca. 20 bis 25 Minuten oder goldbraun backen.

5. Mit Ihrem Lieblingsdip servieren.

Kalorien: **182kcal**

Kohlenhydrate insgesamt: **12,8** g

Zucker: **3,9** g

Fett insgesamt: **12,4** g

Protein: **9,6** g

Natrium: **766** mg

Ein schneller Apfelgenuss

Vorbereitungszeit: *5* Minuten

Kochzeit: *0* Minuten

Portionen: *2*

Zutaten:

- 1 große Oma-Schmiedeäpfel, entkernt
- 1 Esslöffel Ahornsirup
- 1/4 Tasse klobiger Erdnussbutteraufstrich
- 2 Esslöffel Preiselbeeren

Zubereitung:

1. Die Erdnussbutter und den Ahornsirup in eine kleine Schüssel geben. Zum Mischen

umrühren und beiseite stellen.

2. Schneiden Sie 1/2 Zoll von der Unterseite und der Oberseite der Äpfel ab; entsorgen Sie die abgeschnittenen Teile.

3. Schneiden Sie jeden Apfel in vier runde Stücke. Butter auf 2 Apfelscheiben verteilen, mit den Preiselbeeren bestreuen und dann mit den restlichen Apfelscheiben belegen. Guten Appetit!

Kalorien: **260** kcal

Kohlenhydrate insgesamt: **28** g

Zucker: **21** g

Fett insgesamt: **17** g

Protein: 7 g

Natrium: **125** mg

Crunch Rolls für die Pausenzeit

Vorbereitungszeit: **15** Minuten

Kochzeit: **45** Minuten

Portionen: **20** Rollen

Zutaten:

- 1 mittelgroße Zwiebel
- 1/2 Teelöffel rotes Chilipulver
- 1/4 Tasse Koriander
- 1/4 Teelöffel Garam Masala
- 1/4 Teelöffel Knoblauchpulver
- 2 Tassen zerkleinerter Kohl
- 2 mittelgroße Karotten, spiralisiert

- 2 Esslöffel Tomatenketchup

- 2 Teelöffel Öl

- 20 Blatt Federrollen

- 2-3 Esslöffel Sojasauce

- 3 Esslöffel Aquafaba ODER Öl

- Salz, nach Belieben

Zubereitung:

1. Eine Pfanne bei mittlerer Hitze erwärmen. Das Öl hinzufügen und sobald das Öl heiß ist, die Zwiebel hinzufügen und glasig dünsten. Knoblauchpulver zugeben und anbraten.

2. Kohl und Karotten dazugeben und 2 bis 3 Minuten oder bis zur Hälfte garen lassen. Garam masala und rotes Chilipulver

dazugeben und 3 bis 4 Minuten anbraten.

3. Tomatenketchup, Salz, Sojasauce und 2 Minuten lang anbraten. Die Pfanne vom Herd nehmen. Mit ein paar Koriander bestreuen und abkühlen lassen. Das Gemüse NICHT ZU STARK VERARBEITEN.

4. Nehmen Sie ein Blatt Frühlingsrolle. Wenn sie nicht feucht sind, einige Spritzer Wasser darübergeben. Die Rolle mit Gemüse füllen und rollen, mit Maisstärkepaste oder Wasser verschließen. Wiederholen Sie dies mit den restlichen Füll- und Frühlingsrollen.

5. Den Ofen auf 375F vorheizen.

6. Alle Brötchen auf eine gefettete Backblechform legen. Die Rollen leicht

mit Aquafaba oder Öl bestreichen.

7. Im vorgeheizten Backofen ca. 20 bis 25 Minuten oder goldbraun und knusprig backen.

Kalorien:	**151** kcal
Kohlenhydrate insgesamt:	**14,1** g
Zucker:	**2,8** g
Fett insgesamt:	**9,5** g
Protein:	**2,9** g
Natrium:	**278** mg

Kreative Kekse

Vorbereitungszeit: **10** Minuten

Backzeit: **8-15** Minuten

Portionen: **24** Kekse

Zutaten:

- 3 sehr reife Bananen (ca. 1 1/2 Tassen püriert oder püriert bis glatt)
- 1/2 Tasse Kakaopulver
- 1/2 Tasse ungesüßte natürliche cremige Erdnussbutter ODER Mandelbutter
- Kleine Handvoll grobes Meersalz, zum Garnieren

Zubereitung:

1. Den Ofen auf 350F vorheizen.

2. Bananen, Kakaopulver und Erdnussbutter in eine große Rührschüssel geben und mit einer Gabel mischen, bis die Mischung gleichmäßig und glatt ist. Alternativ können Sie in einer Küchenmaschine für ca. 30 bis 60 Sekunden verarbeiten.

3. Indem Sie Esslöffel häufen, schöpfen Sie den Teig in ein mit Pergamentpapier ausgekleidetes oder gefettetes Keksblatt und legen Sie den Teig 1 Zoll auseinander.

4. Die Oberseite der Kekse mit einer Prise Salz bestreuen. Im vorgeheizten Backofen ca. 8 bis 15 Minuten backen oder bis die Kekse ihren Glanz verlieren.

5. Wenn die Kekse gebacken sind, lassen Sie sie etwa 3 bis 5 Minuten auf dem

Keksblatt abkühlen. Auf ein Gitterrost legen und vollständig abkühlen lassen.

Hinweis: Wenn der Teig zu dünn ist, können Sie mehr Kakaopulver hinzufügen, um die Feuchtigkeit aufzunehmen und/oder länger zu backen. Wenn Ihre Erdnussbutter zu zäh ist, können Sie sie 15 bis 20 Sekunden lang in der Mikrowelle erwärmen, bis sie glatt und leichter zu verarbeiten ist. Achten Sie darauf, dass Sie die Erdnussbutter gründlich in die Mischung mischen. Wenn Sie die Kekse nicht mit Salz garnieren wollen, geben Sie 1 Prise Salz in den Teig.

Kalorien: *42* kcal

Kohlenhydrate insgesamt: *4,1* g

Zucker: *1,5* g

Fett insgesamt: **2,9** g

Protein: **1,4** g

Natrium: **0** mg

Großartige Guacamole

Vorbereitungszeit: **10** Minuten

Kochzeit: **0** Minuten

Portionen: **6-8**

Zutaten:

- 3 mittelgroße reife Avocados
- 1-2 Prisen grobes Salz
- 1/4 Tasse rote Zwiebel, fein gehackt
- 1/4 Tasse Korianderblätter, gehackt
- 1/2 Jalapeño-Pfeffer, gehackt, weniger oder mehr nach Belieben
- 1 Limette, nur Saft

Zubereitung:

1. Die Avocado halbieren und den Kern entfernen.

2. Das Avocadofleisch in eine Rührschüssel geben.

3. Salz, Koriander, Jalapeno und Zwiebel dazugeben und mischen.

4. Fügen Sie den Limettensaft hinzu und rühren Sie ihn vorsichtig um, damit Sie die Zutaten nicht aggressiv zerdrücken.

Kalorien: **150** kcal

Kohlenhydrate insgesamt: **10** g

Zucker: **1** g

Fett insgesamt: **13** g

Protein: **2** g

Natrium: 5 mg

Heller Bananenbrei

Vorbereitungszeit: *5 Minuten*

Kochzeit: *30* Minuten

Portionen: *1*

Zutaten:

- 1 sehr reife Banane, zerdrückt
- 1/2 Teelöffel reiner Vanilleextrakt
- 1/4 Tasse Mandelmilch ODER Ihre bevorzugte Milch
- 1/4 Tasse trockener Quinoa
- 1/4 Teelöffel Zimt
- 2 Esslöffel Walnüsse

Zubereitung:

1. Quinoa nach Packungsanweisung garen.

2. Wenn der Quinoa gekocht ist, die Hitze auf niedrig reduzieren. Die zerdrückte Banane, Milch, Zimt und Vanille unterrühren. Nach Belieben die Walnüsse in die Quinoa-Mischung mischen oder über die Mischung geben.

3. Noch warm servieren. Guten Appetit!

Notizen: Je nach Bedarf mehr Milch hinzufügen, um die gewünschte Textur zu erreichen.

Kalorien: *503* kcal

Kohlenhydrate insgesamt: *59,8* g

Zucker: *16,9* g

Fett insgesamt: **26,5** g

Protein: **12,4** g

Natrium: **13** mg

Kapitel 8: Göttliche Desserts

Es gibt immer Platz für diese süßen Leckereien. Diese pflanzliche Basis wird Ihre Geschmacksnerven anregen, ist aber auch gut für Ihre Gesundheit.

Karottenkuchen zum Mitnehmen

Vorbereitungszeit: *1* Stunde

Kochzeit: *0* Minuten

Portionen: *8-10*

Zutaten:

Für den Cashew-Zuckerguss:

- 1/3 Tasse reiner Ahornsirup

- 1-2 Esslöffel frisch gepresster Zitronensaft

- 2 Tassen Cashewnüsse, die für ein paar Stunden oder über Nacht in Wasser eingeweicht werden.

- 2 Esslöffel flüssiges Kokosöl

- Wasser, je nach Bedarf

Für den Kuchen:

- 1 1/2 Tassen Hafermehl ODER Buchweizenmehl

- 1 Tasse Datteln, entkernt

- 1 Tasse getrocknete Ananas

- 1/2 Tasse ungesüßte getrocknete Kokosnuss

- 1/2 Teelöffel gemahlener Zimt

- 2 große Karotten, geschält

Zubereitung:

Für den Cashew-Zuckerguss:

1. Alle Zutaten in einen leistungsstarken Mixer geben und mischen, bis die Mischungen glatt sind, und so wenig Wasser wie möglich hinzufügen. Abschmecken und nach Belieben mehr Ahornsirup hinzufügen. In eine Schüssel geben. Beiseite stellen.

Für den Kuchen:

1. Die Karotten in kleine Stücke schneiden.

2. Die Karottenbrocken in eine Küchenmaschine geben. Die restlichen Zutaten zugeben und pulsieren, bis die Zutaten zu sehr kleinen Stücken

zusammenkleben.

Zusammensetzen:

1. Drücken Sie 1/2 der Kuchenmasse in den Boden einer verstellbaren 6-Zoll-Frühlingspfanne und verteilen Sie sie in eine gleichmäßige Schicht. Etwa 1/3 der Glasur auf der Kuchenmasse verteilen. Die restliche 1/2 Kuchenmasse auf die Glasurschicht drücken.

2. An dieser Stelle können Sie den Kuchen über Nacht kühlen, bevor Sie ihn mit Zuckerguss überziehen oder machen Sie dies sofort.

3. Den Kuchen aus der Pfanne nehmen und mit der restlichen Glasur bedecken, den Kuchen mit allem, was Sie wollen, garnieren.

Kalorien:	**438** kcal
Kohlenhydrate insgesamt:	**53,7** g
Zucker:	**25,5** g
Fett insgesamt:	**23,5** g
Protein:	**8,9** g
Natrium:	**21** mg

Coole Erdbeer-Cupcakes

Vorbereitungszeit: **15** Minuten

Kochzeit: **45** Minuten

Portionen: **12-16** Cupcakes oder **2** Stück 9-Zoll-Kuchen

Zutaten:

- 8 Unzen Erdbeeren, frisch oder gefroren, zerkleinert oder püriert.
- 3/4-1 Tasse Zucker
- 1/2 Tasse Rapsöl
- 1 Teelöffel Vanilleextrakt
- 1 Teelöffel Backpulver

- 1 Esslöffel weißer destillierter Essig

- 1 3/4 Tassen ungebleichtes Allzweckmehl

Zubereitung:

1. Den Ofen 15 Minuten lang auf 350F vorheizen.

2. 12-16 Muffin-Blechbecher auslegen oder eine 9-Zoll-Brotpfanne einfetten. Beiseite stellen.

3. Mehl, Zucker und Natron in eine große Schüssel geben und vermengen.

4. In eine andere Schüssel geben, Vanille, Essig und Öl dazugeben und verrühren. Die Erdbeere dazugeben und unterrühren.

5. In der Mitte der Mehlmischung ein Loch schaffen. Die Vanillemischung in die

Vertiefung geben und unter Rühren mischen. NICHT ZU STARK VERMISCHEN.

6. Den Teig in die vorbereiteten Muffin-Dosenbecher oder die Laibpfanne gießen.

7. Im vorgeheizten Ofen ca. 22-30 Minuten für Muffins und 40 Minuten-1 Stunde für einen Laib backen oder bis ein Zahnstocher sauber herauskommt, wenn er in die Mitte der Muffins oder des Laibs eingesetzt wird.

8. Nach dem Kochen aus dem Ofen nehmen und auf ein Gitterrost legen und abkühlen lassen.

9. Wenn sie vollständig abgekühlt sind, die Cupcakes überziehen und dann mit je 1 ganzen Stück Erdbeere belegen.

Kalorien:	**_160_** kcal
Kohlenhydrate insgesamt:	**_21_** g
Zucker:	**_15_** g
Fett insgesamt:	**_8_** g
Protein:	**_<1 g_**
Natrium:	**_90_** mg

Must-Have Lebkuchen

Vorbereitungszeit: **25** Minuten

Kochzeit: **35** Minuten

Portionen: **12**

Zutaten:

- 1 Tasse ungesüßtes Apfelmus
- 1 Teelöffel Backpulver
- 1 Teelöffel Backsoda
- 1 Teelöffel gemahlener Zimt
- 1/2 Tasse ungeschwefelte Melasse
- 1/3 Tasse Kokosöl
- 1/3 Tasse Kartoffelstärke, KEIN MEHL

- 1/4 Teelöffel gemahlene Nelken

- 1/4 Teelöffel Salz

- 2 Esslöffel gemahlener Leinsamen

- 2 Teelöffel gemahlener Ingwer

- 2/3 Tasse Kokosnusspalme Zucker

- 5/6 Tasse Hirse-Mehl

- 5/6 Tasse Teffmehl

- 6 Esslöffel warmes Wasser

Zubereitung:

1. Den Ofen auf 350F vorheizen. Fetten Sie eine quadratische 8-Zoll-Pfanne ein oder legen Sie sie mit Pergamentpapier aus.

2. Die gemahlenen Leinsamen in eine kleine Schüssel geben. Das Wasser hinzufügen

und umrühren, bis die Mischung cremig und dickflüssig ist. Zur Seite stellen und mindestens 10 Minuten stehen lassen.

3. Bis auf den Kokosnuss-Palmenzucker alle trockenen Zutaten in eine großformatige Rührschüssel sieben.

4. In eine andere Rührschüssel geben Sie die Leinenmischung, Apfelmus, Kokosöl, Melasse und Kokosnuss-Palmenzucker. Verabreiten Sie alles, bis eine Masse entsteht. Die feuchte Mischung mit den trockenen Zutaten in die Schüssel geben. Rühren, bis sie vermischt sind.

5. Den Teig in die Pfanne gießen und dann ca. 35 Minuten oder bis zum Aushärten backen und ein in der Mitte eingesetzter Zahnstocher sauber herauskommt.

6. Den Lebkuchen in der Pfanne auf einem Drahtgestell abkühlen lassen.

7. Wenn das Brot kühl genug ist, um es zu verarbeiten, drehen Sie die Pfanne und nehmen Sie das Brot aus der Pfanne.

8. Am besten am selben Tag genießen, aber Sie können auch alle Reste kühlen.

Kalorien: *210* kcal

Kohlenhydrate insgesamt: *35* g

Zucker: *18* g

Fett insgesamt: *9* g

Protein: *3* g

Natrium: *210* mg

Fabelhafte Fruchtquadrate

Vorbereitungszeit: *15* Minuten

Backzeit: *40 Minuten*

Portionen: *16* Riegel

Zutaten:

Für den Belag und die Kruste:

- 1 1/2 Tassen Haferflocken
- 1 Esslöffel Zitronenschale
- 1/2 Tasse Rohzucker ODER brauner Zucker
- 2/3 Tasse Kokosöl, bei Raumtemperatur
- 1/4 Teelöffel Backpulver

- 1/4 Teelöffel Salz

- 3/4 Tasse Elfenbein-Vollkornmehl ODER Allzweckmehl

Für die Füllung:

- 1/2 Teelöffel Vanilleextrakt

- 2 1/2 Tassen frische Heidelbeeren, nicht gefroren verwenden.

- 7 Esslöffel Himbeermarmelade ODER Ihre bevorzugte Beerenmarmelade.

- Prise Salz

Zubereitung:

1. Den Ofen auf 375F vorheizen.

2. Auslegen einer quadratischen 8-Zoll-Backform mit Pergamentpapier.

3. Hafer, Salz, Backpulver, Zitronenschale, Zucker und Mehl in eine große Schüssel geben und gut mischen.

4. Das Kokosöl hinzufügen. Mit sauberen Händen mischen, bis die Mischung einen Teig ergibt. Er sollte zusammenkleben und nicht sehr bröckelig sein.

5. Weniger als 2/3 des Teigs vorsichtig auf den Boden der vorbereiteten Backform drücken.

6. Im vorgeheizten Backofen ca. 10 bis 13 Minuten backen oder bis die Kanten braun werden.

7. Während die Kruste backt, die Füllung vorbereiten. Salz, Vanilleextrakt, Marmelade und Beeren in eine mittelgroße Schüssel geben und

vermengen.

8. Die Füllung in die frisch gebackene Kruste geben und mit der restlichen Hafermischung über die Füllung streuen.

9. Weitere 22 bis 27 Minuten backen oder bis die Füllung sprudelnd ist und die Oberseite leicht gebräunt ist.

10. Aus dem Ofen nehmen und vollständig abkühlen lassen. In den Kühlschrank mindestens 2 Stunden kalt stellen. In 16 Stücke schneiden. Guten Appetit!

11. Kühlen Sie alle Reste für bis zu 4 Tage oder frieren Sie sie für eine längere Lagerung ein.

Hinweis: Wenn das Kokosöl bei Raumtemperatur geschmolzen oder flüssig ist, mischen Sie die Zutaten für den Belag und die Kruste. 10 bis 20 Minuten in den Kühlschrank stellen oder bis die Mischung fest genug ist, um sie auf den Boden der Pfanne zu drücken.

Kalorien:	**188** kcal
Kohlenhydrate insgesamt:	**25** g
Zucker:	**12,6** g
Fett insgesamt:	**9,7** g
Protein:	**1,8** g
Natrium:	**47** mg

Buntes Parfait

Vorbereitungszeit: **15** Minuten

Kochzeit: **0** Minuten

Portionen: **2**

Zutaten:

Für die Cashewcreme:

- 1 Tasse rohe ungesalzene Cashewnüsse, 2 Stunden lang in Wasser eingeweicht

- 1 Teelöffel natürlicher Vanilleextrakt, plus mehr nach Bedarf

- 1/2 Tasse gefiltertes Wasser, plus mehr nach Bedarf

- 2 Esslöffel reiner Ahornsirup, plus mehr

nach Bedarf.

- Prise keltisches Meersalz

Für die Nuss- und Samenmischung:

- 1/4 Tasse geriebene Kokosnuss, ungesüßt getrocknet

- 1/4 Tasse geschälter Hanfsamen

- 1/4 Tasse rohe Sonnenblumenkerne

- 1/4 Tasse rohe Kürbiskerne

- 1 Tasse rohe Walnüsse

- 1 Tasse rohe Mandeln

Für die Beeren:

- 1 Tasse frische Himbeeren

- 1 Tasse frische Heidelbeeren

Zubereitung:

Für die Cashewcreme:

1. Die Cashewnüsse abtropfen lassen und das Einweichwasser entsorgen. Die Cashewnüsse in einen leistungsstarken Mixer geben. Die restlichen Zutaten zugeben und für ca. 30-60 Sekunden oder bis zur cremigen und glatten Masse vermengen. Probieren und fügen Sie mehr Vanille, Süßstoff und Wasser hinzu, ganz nach Ihrem Geschmack.

2. In einen verschlossenen Behälter geben und zum Eindicken für ein paar Stunden abkühlen lassen.

Für die Nuss- und Samenmischung:

1. Alle Zutaten in eine Küchenmaschine geben und ein paar Mal pulsieren, bis die Nüsse zerkleinert und klobig sind.

Zusammensetzen:

1. Bereiten Sie 2 kurze, breite Gläser vor. Geben Sie 1/2 Tasse Heidelbeeren in jedes Glas. Löffel 1/4 Tasse der Nussmischung, 1/2 der Cashewcreme, 1/4 Tasse der Nussmischung in jedes Glas geben und dann mit 1/2 Tasse Himbeeren für jedes Glas abschließen.

2. Sofort servieren.

Kalorien: *1359* kcal

Kohlenhydrate insgesamt: *76* g

Zucker: *29,2* g

Fett insgesamt: *108,2* g

Protein: *43,3* g

Natrium: *101* mg

Kostbarer Pudding

Vorbereitungszeit: *5* Minuten

Kochzeit: *0* Minuten

Portionen: *2*

Zutaten:

- 1 Avocado
- 1 Banane
- 1 Teelöffel Vanilleextrakt, optional
- 1/2 Tasse Ahornsirup
- 1/2 Tasse ungesüßtes Kakaopulver
- 1/4 Tasse Reismilch

Zum Garnieren:

- Karamellsirup
- Kokosnussschlagsahne

Zubereitung:

1. Alle Zutaten in einen Mixer oder eine Küchenmaschine geben und mischen oder verarbeiten, bis die Mischung glatt ist.
2. Den Pudding auf 2 Serviergläser aufteilen.
3. Mindestens 2 Stunden oder bis zur Übernachtung kühl stellen oder sofort servieren.
4. Mit Kokosnussschlagsahne bestreuen und mit Karamellsirup beträufeln.

Kalorien: **662** kcal

Kohlenhydrate insgesamt: **106,2** g

Zucker: **70,2** g

Fett insgesamt:　　　　　　*30,3* g

Protein:　　　　　　　　　*7,5* g

Natrium:　　　　　　　　　*44* mg

Geschmackvolle Schokoladen-Gelatine

Vorbereitungszeit: **5** Minuten

Kochzeit: ***0*** Minuten

Portionen: **2-3**

Zutaten:

- 1 Tasse Datteln, entkernt, in Wasser oder Kokoswasser aus der Kokosmilchdose eingeweicht, bis sehr weich.
- 1 Tasse gefrorene Bananenstücke
- 1 Tasse gekühlte Kokosnusscreme, aus 1 Dose normaler Kokosnussmilch.
- 1/4 Teelöffel Meersalz
- 1/4-1/2 Teelöffel Vanilleschotenpulver

ODER Samen von 1 Vanilleschote oder 1/2 Teelöffel Vanilleextrakt, optional

- 3 Esslöffel Kakaopulver

Zubereitung:

1. Alle Zutaten in einen leistungsstarken Mixer geben und zu einem sehr glatten Teig verarbeiten.

2. Die Mischung in einen Behälter geben und für gelatineähnliche Texturen ca. 2-3 Stunden oder für festere Texturen 4-5 Stunden einfrieren.

3. Hinweis: Die Kokosmilch über Nacht oder ein paar Tage kühl stellen. Die Kokosnusscreme steigt nach oben und lässt sich leicht herausnehmen.

Kalorien: **615** kcal

Kohlenhydrate insgesamt:	**95,1** g
Zucker:	**69,8** g
Fett insgesamt:	**30,3** g
Protein:	***7,2 g***
Natrium:	**256** mg

Datteln zum Daten

Vorbereitungszeit: *1* Stunde, *25* Minuten

Kochzeit: *0* Minuten

Portionen: *16* Riegel

Zutaten:

Für die Kruste:

- 10 Medjool-Datteln, entkernt, grob gehackt

- 1/4 Tasse Kokosöl, geschmolzen

- 1/2 Teelöffel koscheres Salz

- 1 1/2 Tassen ganze Stücke rohe Mandeln

- 1 1/2 Tassen normaler Hafer

Für die Füllung:

- 1/2 Tasse Wasser

- 25 Medjool-Datteln, entkernt, grob gehackt, ca. 2 1/2 Tassen

Zubereitung:

1. Richten Sie eine quadratische 8-Zoll-Pfanne mit 2 Stück Pergamentpapier aus und legen Sie sie in entgegengesetzte Richtungen.

2. Hafer, Salz und Mandeln in eine Küchenmaschine geben und verarbeiten, bis sie sich zu einem feinen Krümel formen.

3. Die Datteln hinzufügen und bröckelig verarbeiten.

4. Das Kokosöl hinzufügen und verarbeiten,

bis die Mischung klebrig ist, und bei Bedarf etwas mehr Öl hinzufügen, um die richtige Konsistenz zu erreichen.

5. In eine Schüssel geben und 3/4 Tasse der Mischung beiseite stellen. Den Rest der Hafermischung in eine feste und sehr feste Schicht in die Pfanne drücken.

6. Legen Sie die Datteln und das Wasser in die Küchenmaschine und verarbeiten Sie, bis die Textur pastös ist, stoppen und schaben Sie die Seiten nach Bedarf ab. Fügen Sie bei Bedarf etwas mehr Wasser hinzu, um die richtige Konsistenz zu erreichen.

7. Die Dattelmischung in die Kruste schöpfen und mit der Rückseite eines nassen Spachtels in eine gleichmäßige

Schicht verteilen.

8. Die beiseite gestellte 3/4-Tasse Hafermischung auf die Dattelfüllung streuen und mit den Fingern leicht andrücken.

9. Mindestens 1 Stunde, vorzugsweise über Nacht, bis zum Aushärten kühl stellen und fest werden lassen.

10. In Scheiben schneiden und servieren. Lagern Sie die Reste im Kühl- oder Gefrierschrank.

Kalorien: *408* kcal

Kohlenhydrate insgesamt: *64,3* g

Zucker: *43,2* g

Fett insgesamt: *17* g

Protein: **7,4 g**

Natrium: **150** mg

Hübscher Kürbiskuchen

Vorbereitungszeit: **6** Stunden, **10** Minuten

Backzeit: **35** Minuten

Portionen: **4-6**

Zutaten:

- 1 Dose (15 Unzen) Kürbispüree
- 1 Esslöffel gemahlener Flachs
- 1 Teelöffel Kürbiskuchenkuchengewürz
- 1/2 Teelöffel Salz
- 1/3 Tasse Mehl
- 1/3 Tasse PLUS 2 Esslöffel brauner Zucker

- 2 1/2 Teelöffel reiner Vanilleextrakt

- 2 Esslöffel Öl ODER weglassen und Milch auf 1 Tasse erhöhen

- 2 Teelöffel Backpulver

- 2 Teelöffel Zimt

- 3/4 Tasse PLUS 2 Esslöffel Milch

Zubereitung:

1. Den Ofen auf 400F vorheizen.

2. Eine 10 Zoll große runde Tortenpfanne mit Öl einfetten.

3. Kürbiskuchengewürz, Zimt, Salz, Backpulver, Mehl, 1/3 Tasse brauner Zucker und Kürbispüree in eine große Schüssel geben und gut verrühren.

4. In einer anderen Schüssel den Flachs mit

den nassen Zutaten vermengen und gut verrühren.

5. Die nassen Zutaten in die trockenen Zutaten gießen und gut verrühren.

6. Den Teig in die vorbereitete Pfanne gießen und im Ofen 35 Minuten backen.

7. Der Kuchen wird nach der Garzeit klebrig sein, was völlig in Ordnung ist. Vollständig abkühlen lassen und dann unbedeckt für mindestens 6 Stunden oder bis zur vollständigen Aushärtung kalt stellen.

8. Schneiden und servieren.

Kalorien: **246 kcal**

Kohlenhydrate insgesamt: **38,7 g**

Zucker: **22,4 g**

Fett insgesamt:	**8,9** g
Protein:	**4,5** g
Natrium:	**329** mg

Beerenverführerische Törtchen

Vorbereitungszeit: **10** Minuten

Kochzeit: **2** Minuten

Portionen: **4-6**

Zutaten:

Für die Kruste:

- 1 1/2 Tassen Mandelmehl
- 1 Esslöffel reiner Ahornsirup
- 1/4 Tasse Kokosöl, geschmolzen
- 1/4 Tasse ungesüßtes Kakaopulver
- Prise koscheres Salz

Für die Füllung:

- 6 Unzen bittersüße Schokolade, fein gehackt

- 2 Tassen frische Himbeeren

- 1/4 Tasse 100% Frucht Himbeer-Konfitüre

- 1/2 Tasse vollfette Kokosnussmilch aus der Dose

Zubereitung:

1. Eine 9-Zoll-Tortenpfanne mit abnehmbarem Boden leicht mit Kokosöl einfetten.

2. Alle Zutaten der Kruste in eine Schüssel geben und gut verrühren. In die gefettete Tortenform in eine gleichmäßige Schicht drücken. Beiseite stellen.

3. Die Schokolade in eine großformatige

Schüssel geben.

4. Die Kokosmilch in einen kleinen Topf gießen und zum Kochen bringen.

5. Die heiße Kokosmilch über die gehackte Schokolade gießen. 1 Minute stehen lassen und umrühren, bis alles cremig und glatt ist.

6. Die Himbeerkonfitüren unterrühren und die Füllung in die vorbereitete Kruste gießen. Die Oberseite mit den Himbeeren garnieren.

7. Die Torte mindestens 1 bis 2 Stunden oder bis zur vollständigen Abkühlung und Aushärtung kühl stellen.

8. Schneiden und servieren.

Hinweis: Die Reste in luftdichte Behälter geben

und im Kühlschrank aufbewahren.

Kalorien:	**758 kcal**
Kohlenhydrate insgesamt:	**62,6** g
Zucker:	**39,4** g
Fett insgesamt:	**54,4** g
Protein:	**14,6** g
Natrium:	**88** mg

Kapitel 9: Der 14-tägige Ernährungsplan zum Einsteigen

Es besteht kein Druck, ein ausgefallenes und kompliziertes Menü für die pflanzliche Ernährung zusammenzustellen. Ein komplizierter Ernährungs- und Speiseplan wird Sie auf Ihrem Weg zu einem gesunden Lebensstil nur einschüchtern und entmutigen. Ihr Erfolg bei der Umstellung auf diese gesunde Ernährungsgewohnheit besteht darin, sich an die Grundlagen zu halten und die Dinge einfach zu halten. Es gibt Hunderte von einfachen, unkomplizierten Rezepten, die Ihren Gaumen inspirieren und begeistern. Sie können mit den in diesem Buch vorgestellten beginnen.

Verstehen, dass Planung wichtig ist

Es ist wichtig zu verstehen, dass es schwierig sein wird, die ausreichende Menge an Nährstoffen, die Sie normalerweise in Ihrem Körper zu sich nehmen, einschließlich Nahrungsprotein, sowie a, zu nehmen, wenn Sie anfangen, tierische Lebensmittel auf pflanzliche Basis zu reduzieren oder zu eliminieren große Auswahl an Mineralien und Vitaminen.

Nach Angaben der American Dietetic Association ist eine sorgfältige Planung erforderlich, um sicherzustellen, dass Sie die häufigen Nährstoffmängel vermeiden, die bei Ihnen auftreten können. Ein gut geplantes Menü eignet sich für alle Personen in allen Phasen ihres Lebenszyklus, einschließlich Säuglingsalter, Kindheit, Jugend, auch für Sportler sowie schwangere und stillende Frauen.

Sie müssen sicherstellen, dass Sie genug von den folgenden Nährstoffen erhalten:

- **Protein - Die** meisten Menschen müssen 1/3 ihres täglichen Kalorienbedarfs aus Protein decken. Wenn Sie trainieren, aktiv oder ein Athlet sind, müssen Sie mindestens 0,75-0,80 Gramm Protein pro Pfund Ihres Körpergewichts als Basis aufnehmen. Quinoa, Samen, Nüsse, Hülsenfrüchte und Bohnen sind ausgezeichnete Quellen für Nahrungsproteine.

- **Vitamin B 12** - Zielen Sie auf etwa 3 bis 5 Mikrogramm täglich aus pflanzlicher Nahrung oder nehmen Sie täglich 10-100 Mikrogramm Nahrungsergänzungsmittel ein. Sie können Vitamin B 12 aus

Nahrungsmittelhefe und angereicherten pflanzlichen Produkten erhalten.

- **Vitamin D** – Zielen Sie auf 1000-4000 IE während der Wintermonate und Tage, an denen Sie keinen Sonnenschein bekommen. Sonnenlicht ist die beste Quelle für Vitamin D. Sie können es mit D2 ergänzen, das sind tierfreie Vitamin D-Präparate.

- **Kalzium** – Zielen Sie auf etwa 1000 Milligramm täglich. Sie können es aus angereicherter Milch ohne Milch, kalziumhaltigem Tofu, Samen, Nüssen, Bohnen und dunkelgrünem Grün erhalten.

- **Jod** – Zielen Sie auf etwa 1000 Milligramm täglich. Sie können Jod aus jodiertem Salz, grünem Blattgemüse, Spargel, Meeresgemüse und Seetang gewinnen.

- **Omega-3-Fettsäuren** - Verzehren Sie täglich mindestens 2 Gramm Alpha-Linolensäure (ALA), eine Art Omega-3-Fettsäure, die in Pflanzen vorkommt. Wenn möglich, fügen Sie Eicosapentaensäure (EPA) und Docosahexaensäure (DHA) aus Algenergänzungsmitteln hinzu und nicht aus Fischöl. Sie können pflanzliche Omega-3-Fettsäuren aus grünem

Blattgemüse, Walnüssen, Hanf, Flachs und Algenpräparaten erhalten.

Der Schlüssel zu einer erfolgreichen pflanzlichen Ernährung oder jeder Diät ist es, sicherzustellen, dass Sie eine ausgewogene Mahlzeit einnehmen. Und die frühzeitige Planung stellt sicher, dass Sie Ihren neuen gesunden Lebensstil auf dem richtigen Weg beginnen.

2 Wochen pflanzliche Gerichte

Halten Sie die Dinge einfach, um Ihre pflanzliche Diätreise zu beginnen. Reduzieren Sie die Zutatenmenge für jedes Rezept, um 2 Personen zu bedienen. Dieser Plan beinhaltet den Verzehr der heutigen Mahlzeit und die Speicherung der Essensreste für den übernächsten Tag. Sie können jedoch auch jedes Gericht nach der angegebenen

Anzahl von Portionen zubereiten und das Extra mit Freunden und der Familie teilen. Sie könnten sie sogar dazu inspirieren, gemeinsam mit Ihnen eine gesunde Reise zu unternehmen. Eine Diät mit einem Freund ist immer besser.

Woche 1

Tag 1

Frühstück: Hafer zur Liebe

Mittagessen: Die begehrteste Chili-Schale

Snack: Gesunder Hummus mit ganzen Bohnen, Petersilie, Gemüse, Brot und Pommes frites oder Pita-Brot, oder was auch immer Sie wollen.

Abendessen: Eine Tempeh-Leckerei

Dessert: Geschmackvolle Schokoladen-Gelatine

Tag 2

Frühstück: Granola Energizer

Mittagessen: Hackbraten auf pflanzlicher Basis

Snack: Burrito Bisse

Abendessen: Vietnamesische Nudeln für die Seele

Dessert: Karottenkuchen zum Mitnehmen

Tag 3

Überreste von Tag 1

Frühstück: Hafer zur Liebe

Mittagessen: Die begehrteste Chili-Schale

Snack: Gesunder Hummus mit ganzen Bohnen, Petersilie, Gemüse, Brot und Chips oder Pita-Brot, oder was auch immer Sie sich wünschen ODER Reste.

Abendessen: Eine Tempeh-Leckerei

Dessert: Geschmackvolle Schokoladen-Gelatine

Tag 4

Überreste von Tag 2

Frühstück: Granola Energizer

Mittagessen: Hackbraten auf pflanzlicher Basis

Snack: Burrito Bisse

Abendessen: Vietnamesische Nudeln für die Seele

Dessert: Karottenkuchen zum Mitnehmen

Tag 5

Frühstück: Die Pfannkuchenlösung

Mittagessen: Currykartoffeln nach thailändischer Art

Snack: Veggie-Poppers zum Anbeten

Abendessen: Mühelos zubereitete Pizza

Dessert: Beerenverführerische Törtchen

Tag 6

Frühstück: Der Energiebrei

Mittagessen: Perfekte gebratener Reis mit Ananas

Snack: Crunch Rolls für die Pausenzeit

Abendessen: Auflauf auf pflanzlicher Basis

Dessert: Kostbarer Pudding

Tag 7

Überreste von Tag 5

Frühstück: Die Pfannkuchenlösung

Mittagessen: Currykartoffeln nach thailändischer Art ODER Reste

Snack: Veggie-Poppers zum Anbeten

Abendessen: Mühelos zubereitete Pizza

Dessert: Beerenverführerische Törtchen

Woche 2

Tag 1

Überreste aus Woche 1 Tag 6

Frühstück: Der Energiebrei

Mittagessen: Perfekter gebratener Reis mit Ananas ODER Reste

Snack: Crunch Rolls für die Pausenzeit

Abendessen: Auflauf auf pflanzlicher Basis

Dessert: Kostbarer Pudding

Tag 2

Frühstück: Beginnen Sie den Tag mit Salat

Mittagessen: Ein wertvolles Gemüse-Quiche

Snack: Heller Bananenbrei

Abendessen: Ein überraschender Eintopf

Dessert: Datteln zum Daten

Tag 3

Frühstück: Reichhaltiger Reispudding

Mittagessen: Ein pflanzliches Wrap-Wunder

Snack: Kreative Kekse

Abendessen: Oh mein Gott! Bulgur Pilaf

Dessert: Buntes Parfait

Tag 4

Überreste von Tag 2

Frühstück: Beginnen Sie den Tag mit Salat

Mittagessen: Ein wertvolles Gemüse-Quiche

Snack: Heller Bananenmus

Abendessen: Ein überraschender Eintopf

Dessert: Datteln zum Daten

Tag 5

Überreste von Tag 3

Frühstück: Reichhaltiger Reispudding

Mittagessen: Ein pflanzliches Wrap-Wunder

Snack: Kreative Kekse

Abendessen: Oh mein Gott! Bulgur Pilaf

Dessert: Buntes Parfait

Tag 6

Frühstück: Fröhlich, Muffins zu essen

Mittagessen: Leckerer Tofu

Snack: Crunch Rolls zur Pausenzeit

Abendessen: Ein nahrhafter Nudelteller

Dessert: Fabelhafte Fruchtquadrate

Tag 7

Frühstück: Eine köstliche Kichererbsen-Omelettplatte

Mittagessen: Ein Triple-B Burger

Snack: Ein schneller Apfelgenuss

Abendessen: Süßkartoffeln und Grünkohl aus Afrika

Dessert: Coole Erdbeer-Törtchen

Erfolgreiches Erreichen Ihrer Gesundheitsziele

Der Übergang zu einer pflanzlichen Ernährung ist eines der vorteilhaftesten Dinge, die Sie für sich selbst tun können, aber ist es so einfach, wie es sich anhört? Wie bei vielen anderen Diäten kann eine Ernährungsumstellung ziemlich einschüchternd wirken, insbesondere wenn Sie von einem

Allesfresser Ihr ganzes Leben lang auf eine gesunde Ernährungsgewohnheit umsteigen. Die meisten von uns sind mit Rindfleisch, Schweinefleisch, Hühnchen, Eiern, Milchprodukten und anderen tierischen Lebensmitteln zu jeder Mahlzeit aufgewachsen. Der Schlüssel zum Erfolg liegt in der Planung Ihres Übergangs. Hier finden Sie wichtige und praktische Tipps für den Übergang von einer tierischen zu einer pflanzlichen Ernährung.

- **Informieren Sie sich selbst**

    Ihre beste Chance, mit einer Diät erfolgreich zu sein, ist, sich selbst zu erziehen und alles zu lernen, was Sie über diese gesunde Ernährungsweise wissen müssen. Tu es nicht, weil es die Modeerscheinung ist. Tun Sie es, weil Sie alle gesundheitlichen Vorteile sehen, die

Sie vom Verzehr von Vollwertkost erhalten. Erfahren Sie, wie andere Menschen, die sich erfolgreich verändert haben. Wenn Sie alles über die Vorteile von mehr Obst und Gemüse lernen, werden Sie motiviert sein und wissen, wie andere ihre Ernährung erfolgreich verändert haben, und Sie werden Vertrauen in Ihren Übergang haben. Der Schlüssel zum Übergang zu einem neuen Ernährungsplan ist, darüber begeistert zu sein.

- **Konzentrieren Sie sich auf eine Überfüllung, nicht auf das Entfernen**

  Es geht um die Perspektive. Wenn Sie sich darauf konzentrieren, keine Milch, Eier und Fleisch zu kaufen, wenn Sie im Lebensmittelgeschäft sind, werden Sie sich benachteiligt und besiegt fühlen. Wenn es jedoch bei Ihrer Denkweise darum geht, Ihre Küche mit gesunden pflanzlichen Lebensmitteln wie Beeren, Mandeln, Kokosnussmilch, Flachs, Pilzen, Tomaten, Bananen, Süßkartoffeln, Spinat, Grünkohl und Quinoa zu füllen, dann wird es sich anfühlen, als würden Sie Lebensmittel für ein ausgefallenes Menü einkaufen.

Entfernen Sie tierische Lebensmittel mit Hülsenfrüchten, Samen, Nüssen, Vollkorn, Gemüse, Obst und nichtmilchhaltiger Milch und vermeiden Sie den veganen Fleischersatz so weit wie möglich. Denken Sie daran, dass sich diese Diät auf Mahlzeiten konzentriert, die reich an Vollwertkost sind.

- **Finden Sie kreative pflanzliche Rezepte, die Sie inspirieren**

  Wenn Sie zum ersten Mal von einer pflanzlichen Ernährung hören, werden Sie oft an gedünsteten Brokkoli und Salat denken. Wenn Sie jedoch nach pflanzlichen Rezepten suchen, werden Sie viele einfache und unkomplizierte, aber sehr kreative und unglaublich leckere pflanzliche Gerichte finden. Die 50 fabelhaften Rezepte in diesem Buch werden Sie mit Eifer und Begeisterung motivieren und inspirieren, wenn Sie zu einem gesunden Lebensstil wechseln.

- **Fokussieren Sie sich auf die Grundlagen**

Das Essen einer vollwertigen Mahlzeit muss nicht kompliziert und hart sein. Beginnen Sie mit grundlegenden, einfachen und einfachen Rezepten für Ihre erste Mahlzeit. Zum Beispiel können Sie Ihren Tag mit Haferflocken beginnen, einem einfachen Gericht mit Chiasamen, Mandelmilch, Heidelbeeren und Agavennektar zum Versüßen. Zum Mittagessen sind Rezepte, die Sie kühlen und mitnehmen können, wie „Die begehrteste Chili-Bowl", Salate und Suppen eine ausgezeichnete Wahl. Geschnittenes Gemüse und Obst mit rohen Walnüssen und Mandeln sind großartige Snacks. Ihr Abendessen kann „Eine Tempeh-Versuchung" sein, ein einfaches Gericht mit Mikrogrün und gesunder Avocado. Nach dem Essen können Sie sich mit leckerem Schokogelatine verwöhnen.

Denke daran, dass es nicht unbedingt ausgefallen sein muss. Die Grundzutaten können genauso lecker sein. Im Zweifelsfall können Sie jederzeit einen köstlichen Smoothie machen. Sie können die Lücken füllen und die Dinge interessant und kreativ, geschweige denn lecker halten.

- **Einen Schritt nach dem anderen machen**

Sie müssen sich nicht selbst überfordern, einen ausgeklügelten Speiseplan erstellen oder komplizierte Gerichte zubereiten, wenn Sie zu einer pflanzlichen Ernährung übergehen. Nehmen Sie es Mahlzeit für Mahlzeit und dann Tag für Tag. Es besteht keine Notwendigkeit, eingeschüchtert oder gestresst zu werden, wenn man sich auf diesen Plan für gesunde Lebensmittel einlässt. Sie werden mehr Erfolg haben, wenn Sie sich an einfachere Gerichte und Mahlzeiten halten.

- **Bleiben Sie bei Vollwertkost**

Es ist einfach, pflanzliche und verarbeitete pflanzliche Lebensmittel zu verwenden, aber das ist nicht der beste Weg, um sich auf eine gesunde Ernährung umzustellen. Wählen Sie immer Vollwertkost. Vermeiden Sie raffinierte Kohlenhydrate, Fleischersatzstoffe und andere hochverarbeitete Produkte. Außerdem sollten Sie kein Junk Food konsumieren, nur weil es als vegan oder vegetarisch gekennzeichnet ist.

- **Verzehren Sie eine große Vielfalt an pflanzlichen Lebensmitteln**

Um Ihre Ernährung ausgewogen zu halten und Sie mit allen Nährstoffen zu versorgen, verbrauchen Sie eine Vielzahl von pflanzlichen Lebensmitteln, nicht nur eine Handvoll.

Jetzt, da Sie Ihre Reise zu einer gesünderen Essgewohnheit beginnen, ist der Erfolg beneidenswert, wenn Sie all diese wichtigen Elemente im Auge behalten.

Schlussworte

Nochmals vielen Dank, dass Sie dieses Buch gekauft haben!

Ich hoffe wirklich, dass dieses Buch Ihnen helfen wird.

Der nächste Schritt ist, **sich für unseren E-Mail-Newsletter anzumelden,** um über alle kommenden Buchneuerscheinungen oder Werbeaktionen informiert zu werden. Sie können sich kostenlos anmelden und erhalten als Bonus ein kostenloses Geschenk: unser Buch *„Gesundheits- & Fitnessfehler, von denen Sie nicht wissen, dass Sie sie machen"*! Dieses Buch wurde geschrieben, um zu entmystifizieren, die wichtigsten Vor- und Nachteile aufzudecken und Sie endlich mit den Informationen auszustatten, die Sie benötigen, um sich in der besten Form Ihres Lebens zu befinden. Aufgrund der überwältigenden Menge an Fehlinformationen und

Lügen, die von Magazinen und selbsternannten „Gurus" erzählt werden, wird es immer schwieriger, zuverlässige Informationen zu erhalten, um in Form zu kommen. Im Gegensatz zu dutzenden von voreingenommenen, unzuverlässigen und nicht vertrauenswürdigen Quellen, um Ihre Gesundheits- & Fitnessinformationen zu erhalten. In diesem Buch ist alles aufgeschlüsselt, was Sie brauchen, damit Sie es leicht nachvollziehen und sofort Ergebnisse erzielen können, um Ihre gewünschten Fitnessziele in kürzester Zeit zu erreichen.

Um sich für unseren kostenlosen E-Mail-Newsletter anzumelden und ein kostenloses Exemplar dieses wertvollen Buches zu erhalten, besuchen Sie bitte den Link und melden Sie sich jetzt an: www.hmwpublishing.com/gift

Wenn Ihnen dieses Buch gefallen hat, dann möchte ich Sie um einen Gefallen bitten, wären Sie so freundlich, eine Rezension für dieses Buch zu hinterlassen? Ich wäre Ihnen sehr dankbar!

Vielen Dank und viel Glück auf Ihrer Reise!

Über den Co-Autor

Mein Name ist George Kaplo. Ich bin ein zertifizierter Personal Trainer aus Montreal, Kanada. Ich beginne damit zu sagen, dass ich nicht der breiteste Typ bin, den Sie jemals treffen werden, und das war nie wirklich mein Ziel. Tatsächlich habe ich begonnen, meine größte Unsicherheit zu überwinden, als ich jünger war, was mein Selbstvertrauen war. Das lag an meiner Größe von nur 168 cm (5 Fuß 5 Zoll), die mich dazu drängte, alles zu versuchen, was ich jemals im Leben erreichen wollte. Möglicherweise stehen Sie gerade vor einigen Herausforderungen oder Sie möchten einfach nur fit werden, und ich fühle mit Sicherheit mit Ihnen mit.

Ich persönlich war immer ein bisschen an der Gesundheits- und Fitnesswelt interessiert und wollte wegen der zahlreichen Mobbingfälle in meinen Teenagerjahren wegen meiner Größe und meines übergewichtigen Körpers etwas Muskeln aufbauen. Ich dachte, ich könnte nichts gegen meine Körpergröße tun, aber ich kann sicher etwas dagegen tun, wie mein Körper aussieht. Dies war der Beginn meiner Transformationsreise. Ich hatte keine Ahnung, wo ich anfangen sollte, aber ich habe gerade erst angefangen. Ich war manchmal besorgt und hatte Angst, dass andere Leute sich über mich lustig machen würden, wenn sie die Übungen falsch machten. Ich wünschte immer, ich hätte einen Freund neben mir, der sich auskennt, um mir den Einstieg zu erleichtern und mich mit allem vertraut gemacht hätte.

Nach viel Arbeit, Studium und unzähligen Versuchen und Irrtümern begannen einige Leute zu bemerken, wie ich fit wurde und wie ich anfing, mich für das Thema zu interessieren. Dies führte dazu, dass viele Freunde und neue Gesichter zu mir kamen und mich um Rat fragten. Zuerst kam es mir seltsam vor, als Leute mich baten, ihnen zu helfen, in Form zu kommen. Aber was mich am Laufen hielt, war, als sie Veränderungen in ihrem eigenen Körper bemerkten und mir sagten, dass es das erste Mal war, dass sie echte Ergebnisse sahen! Von dort kamen immer mehr Leute zu mir und mir wurde klar, dass es mir nach so viel Lesen und Lernen in diesem Bereich geholfen hat, aber es erlaubte mir auch, anderen zu helfen. Ich bin jetzt ein vollständig zertifizierter Personal Trainer und habe zahlreiche Kunden trainiert, die erstaunliche Ergebnisse erzielt haben.

Heute besitzen und betreiben mein Bruder Alex Kaplo (ebenfalls zertifizierter Personal Trainer) und ich dieses Verlagsprojekt, in dem wir leidenschaftliche und erfahrene Autoren zusammenbringen, um über Gesundheits- und Fitnessthemen zu schreiben. Wir betreiben auch eine Online-Fitness-Website „HelpMeWorkout.com". Ich würde mich freuen, wenn ich Sie einladen darf, diese Website zu besuchen und sich für unseren E-Mail-Newsletter anmelden (Sie erhalten sogar ein kostenloses Buch).

Zu guter Letzt, wenn Sie in der Position sind, in der ich einmal war und Sie etwas Hilfe wünschen, zögern Sie nicht und fragen Sie... Ich werde da sein, um Ihnen zu helfen!

Ihr Freund und Coach,

George Kaplo

Zertifizierter Personal Trainer

Ein weiteres Buch kostenlos herunterladen

Ich möchte mich bei Ihnen für den Kauf dieses Buches bedanken und Ihnen ein weiteres Buch (genauso lang und wertvoll wie dieses Buch), „7 Fitnessfehler, von denen Sie nicht wissen, dass Sie sie machen", völlig kostenlos anbieten.

Besuchen Sie den untenstehenden Link, um sich anzumelden und zu erhalten:

www.hmwpublishing.com/gift

In diesem Buch werde ich 7 der häufigsten Fitnessfehler aufschlüsseln, die einige von Ihnen wahrscheinlich begehen, und ich werde zeigen, wie Sie sich leicht in die beste Form Ihres Lebens bringen können!

Zusätzlich zu diesem wertvollen Geschenk haben Sie auch die Möglichkeit, unsere neuen Bücher kostenlos zu bekommen, Werbegeschenke zu erhalten und andere wertvolle E-Mails von mir zu erhalten. Besuchen Sie auch hier den Link, um sich anzumelden:

www.hmwpublishing.com/gift

Copyright 2017 von HMW Publishing - Alle Rechte vorbehalten.

Dieses Dokument von HMW Publishing im Besitz der Firma A&G Direct Inc ist darauf ausgerichtet, genaue und zuverlässige Informationen in Bezug auf das behandelte Thema und den behandelten Sachverhalt bereitzustellen. Die Publika-tion wird mit dem Gedanken verkauft, dass der Verlag keine buchhalterischen, behördlich zugelassenen oder anderweitig qualifizierten Dienstleistungen erbringen muss. Wenn rechtliche oder berufliche Beratung erforderlich ist, sollte eine in diesem Beruf praktizierte Person bestellt werden.

Aus einer Grundsatzerklärung, die von einem Ausschuss der American Bar Asso-ciation und einem Ausschuss der Verlage und Verbände gleichermaßen ange-nommen und gebilligt wurde.

Es ist in keiner Weise legal, Teile dieses Dokuments in elektronischer Form oder in gedruckter Form zu reproduzieren, zu vervielfältigen oder zu übertragen. Das Aufzeichnen dieser Veröffentlichung ist strengstens untersagt, und eine Speicher-ung dieses Dokuments ist nur mit schriftlicher Genehmigung des Herausgebers gestattet. Alle Rechte vorbehalten.

Die hierin bereitgestellten Informationen sind wahrheitsgemäß und konsistent, da jede

Haftung in Bezug auf Unachtsamkeit oder auf andere Weise durch die Verwendung oder den Missbrauch von Richtlinien, Prozessen oder Anweisungen, die darin enthalten sind, in der alleinigen und vollständigen Verantwortung des Lesers des Empfängers liegt. In keinem Fall wird der Herausgeber für Reparaturen, Schäden oder Verluste aufgrund der hierin enthaltenen Informationen direkt oder indirekt rechtlich verantwortlich oder verantwortlich gemacht.

Die hierin enthaltenen Informationen werden ausschließlich zu Informationszwecken angeboten und sind daher universell. Die Darstellung der Informationen erfolgt ohne Vertrag oder Garantiezusage.

Die verwendeten Marken sind ohne Zustimmung und die Veröffentlichung der Marke ist ohne Erlaubnis oder Unterstützung durch den Markeninhaber. Alle Warenzeichen und Marken in diesem Buch dienen nur zu Erläuterungszwecken und gehören den Eigentümern selbst und sind nicht mit diesem Dokument verbunden.

Für weitere tolle Bücher besuchen Sie uns:

HMWPublishing.com

www.ingramcontent.com/pod-product-compliance
Lightning Source LLC
LaVergne TN
LVHW021651060526
838200LV00050B/2301